Gestão
Organização
Liderança

Gestão
Organização
Liderança

MARCELO ROBALINHO

EXPERIÊNCIAS E CONSELHOS DE 20 DIRIGENTES QUE FIZERAM HISTÓRIA NO FUTEBOL

Literare Books
INTERNATIONAL
BRASIL · EUROPA · USA · JAPÃO

© LITERARE BOOKS INTERNATIONAL LTDA, 2020.
Todos os direitos desta edição são reservados à Literare Books International Ltda.

PRESIDENTE
Mauricio Sita

VICE-PRESIDENTE
Alessandra Ksenhuck

DIRETORA EXECUTIVA
Julyana Rosa

DIRETORA DE PROJETOS
Gleide Santos

RELACIONAMENTO COM O CLIENTE
Claudia Pires

DIRETOR DE MARKETING E DESENVOLVIMENTO DE NEGÓCIOS
Horacio Corral

EDITOR
Enrico Giglio de Oliveira

REVISOR
Sérgio Ricardo do Nascimento

CAPA E DESIGN EDITORIAL
Victor Prado

FOTOS DOS ENTREVISTADOS
Think Ball & Sports Consulting

CRÉDITO DAS IMAGENS - P. 7, 11 E 179
Chaos Soccer Gear / Duong Hoàng / Alex Lanting

IMPRESSÃO
Evangraf

Dados Internacionais de Catalogação na Publicação (CIP)
(eDOC BRASIL, Belo Horizonte/MG)

R628g   Robalinho, Marcelo.
         Gol: 20 anos de futebol na visão de dirigentes / Marcelo Robalinho. – São Paulo, SP: Literare Books International, 2020.
         184 p. : foto. ; 16 x 23 cm

         ISBN 978-65-5922-033-5

         1. Futebol – Brasil. 2. Futebol – Administração. I. Título.
                                                    CDD 796.334

Elaborado por Maurício Amormino Júnior – CRB6/2422

LITERARE BOOKS INTERNATIONAL LTDA.
Rua Antônio Augusto Covello, 472
Vila Mariana — São Paulo, SP. CEP 01550-060
+55 11 2659-0968 | www.literarebooks.com.br
contato@literarebooks.com.br

SUMÁRIO

9	INTRODUÇÃO
13	ADSON JOSÉ BATISTA
19	ALEX RODRIGUES BRASIL
25	ALEXANDRE MATTOS
33	ANDERSON BARROS
45	ANDRE ZANOTTA
51	ANDRÉS SANCHEZ
59	ANTÔNIO LOPES
69	CARLOS EIKI BATISTA
75	CÍCERO SOUZA
83	CONSTANTINO JÚNIOR
95	JORGE MACEDO
107	LUIS FELIPE XIMENES
113	MARCELO PAZ
125	MÁRIO BRANCO
133	PAULO ANGIONI
145	PAULO CARNEIRO
151	PAULO MENESES
157	RINALDO JOSÉ MARTORELLI
165	RODRIGO CAETANO
173	URGEL MARTINS
181	INSTITUTO TALENTOS EM JOGO

INTRODUÇÃO

Quase no fim do século XX, pós "bug do milênio", nascia a Think Ball & Sports Consulting, imbuída do desafio de trazer ao mercado do futebol conceitos, metodologia, marketing e ética, que são comuns ao mundo corporativo.

A Lei Pelé engatinhava, com pouco mais de 2 anos de promulgação, e os clubes, atletas e agentes ainda buscavam entender a melhor forma de se posicionar diante do "Novo Mundo" sem a existência do "passe".

Minha formação jurídica, em Direito no Largo São Francisco (USP), foi fundamental para atravessar esse mar de novidades, as quais passaram a ter como ponto central os acordos e as discussões judiciais para encerramento de contrato de trabalho, do qual o vínculo desportivo passou a ser acessório.

Lá se vão 20 anos....

Não é fácil sobreviver em qualquer mercado por duas décadas, mas no futebol, é especialmente mais complicado, pois do ponto de vista objetivo as carreiras dos atletas são curtas, os tomadores de decisões nos clubes e federações são mandatados por períodos efêmeros, o modelo de jogo muda velozmente, há um componente esportivo, que é coletivo e aleatório, para a medida do sucesso; já do ponto de vista subjetivo, talvez pela publicidade, poder e paixão que o futebol traz consigo, o dia a dia é permeado por muitos sentimentos não recomendáveis a um ambiente de trabalho, como a extrema competição entre pares, inveja, ira, egoísmo, o vencer a qualquer custo, críticas públicas, *stress* em demasia etc.

Mais do que sobreviver, a Think Ball tem um crescimento constante e se notabilizou pela sua atuação globalizada, sendo uma marca reconhecida nos quatro cantos do mundo.

Vivenciamos inúmeras negociações de sucesso nesses 20 anos, temos a alegria de ter contribuído com mais de mil transferências de atletas, as quais representaram uma mudança significativa na vida não só desses jogadores como de todas as famílias envolvidas.

A evolução tecnológica foi impressionante nas últimas duas décadas, o que propiciou, sobretudo no mercado do futebol, uma imediata transferência de imagens e estatísticas, sem contar que o custo de comunicação foi reduzido à zero com aplicativos de comunicação. Um grande desafio foi inovar e fazer das nossas plataformas um canal de informação conectado com os *decision makers* do futebol mundial.

Com extrema satisfação, pudemos constatar que houve uma escalada na formação técnica dos profissionais que atuam no futebol, fato evidenciado com a consolidação no Brasil, onde a maioria dos clubes são associações sem fins lucrativos, da figura do executivo de futebol. Sem sombra de dúvidas a capacitação profissional é a chave para o sucesso em qualquer campo e, por acreditar nisso, sempre investimos na educação de nossos colaboradores.

A conduta dos atletas também mudou drasticamente nos últimos 20 anos, pois não só a exigência física do jogo aumentou, como a necessidade de um maior poder de concentração e cognitivo é posto à prova diuturnamente, o que implica em uma vida mais regrada, sem abusos extra campo e com estudo de pré e pós-jogos. A longevidade e a precocidade dos jogadores também cresceram e fizeram com que inflasse a opção de atletas no mercado, acirrando a concorrência, sendo a não realização do sonho de muitos uma triste realidade.

Vivemos, atualmente, devido à Pandemia do Covid-19, um desafio inédito que trouxe ao mundo uma crise ímpar e sem precedentes, que como não poderia deixar de ser, afeta de forma grave todos que dependem da indústria do futebol. Acreditamos que com união, respeito e solidariedade vamos superá-la e usar essa experiência única e desafiadora como combustível para uma retomada em breve.

Como iniciei essa introdução mencionando o temor mundial do bug do milênio no ano de fundação, não poderia de deixar de citar o pânico atual em relação ao Covid-19 no ano em que completamos 20 anos, pois é insofismável o fato de que momentos de crise e bonança permeiam nossas vidas e saber passar por todas as fases com retidão de caráter e comportamento lícito é a chave do sucesso a longo prazo.

As experiências, as histórias engraçadas e tristes, os exemplos de vida vivenciados ao redor do mundo por si só dariam mais de um livro nestes últimos 20 anos, mas contá-los seria um exercício narrativo de nossa perspectiva, o que poderia soar um tanto quanto egocêntrico ou nada modesto.

Por isso, como forma de marcar os 20 anos da Think Ball decidimos deixar um legado a todos os que amam o esporte número 1 da preferência mundial, e convidamos 20 dirigentes que, ao longo da nossa história, puderam contribuir na gestão, organização e liderança do futebol. Desde já, deixo claro que muitos foram injustiçados ao não fazerem parte deste livro (aos quais peço minhas sinceras desculpas), mas tentamos trazer um *mix* de visões e experiências, tendo nesta obra Presidentes de clubes de diversas regiões do Brasil, executivos e sindicalistas, inclusive com relatos de 3 dirigentes portugueses.

Para finalizar, como forma de retribuição à família do Futebol, toda a renda obtida por este livro como direito autoral, será revertida à Instituição sem fins lucrativos Talentos em Jogo.

Mais uma vez obrigado a TODOS aos que colaboraram com a vitoriosa história da Think Ball & Sports Consulting ao longo destes 20 anos e tenho certeza de que faremos muito mais nas próximas décadas!

Think Ball & Sports Consulting Ltda

1

O futebol é a minha paixão e eu estou sempre preparado para enfrentar todos os desafios.

ADSON JOSÉ BATISTA

Adson Batista nasceu em 22/07/1970, é casado e pai de três filhos. Como atleta profissional de futebol, passou por vários clubes e após encerrar a carreira de jogador, em 1999, tornou-se Supervisor de Futebol do Grêmio Inhumense, clube que ajudou a fundar. Atualmente é Presidente Executivo do Atlético Clube Goianiense.

Futebol sempre foi a sua paixão. Depois que encerrou a carreira como jogador, deu continuidade ao trabalho como gestor, que também era um grande sonho.

"É necessário ter feelling, ter preparo e dom para prosseguir na carreira, muitos foram grandes atletas e não conseguiram permanecer no esporte. Comecei em cargos menores e hoje sou presidente de um grande clube do futebol brasileiro."

Após o final de sua carreira como atleta, fez alguns cursos de gestão para aperfeiçoar seu conhecimento sobre o futebol. Fundou em sua cidade, Inhumas-GO, um clube com alguns investidores portugueses, o Grêmio Inhumense, e isso o ajudou a aprimorar seus conhecimentos.

Em 2005, o Atlético Goianiense o convidou para gerir o departamento de futebol do clube e desde então conquistaram cinco títulos estaduais, dois nacionais, além de disputar a Série A do Campeonato Brasileiro em cinco temporadas. Uma verdadeira revolução na história do Rubro-Negro Goiano. Hoje, o Atlético Goianiense tem um Centro de Treinamento completo e moderno, o CT do Dragão, possui também um estádio próprio, o Estádio Antônio Accioly, e continua crescendo em todos os âmbitos.

Dentre tantas conquistas, ele cita as que mais o marcaram como pessoa e profissional, tanto positiva como negativamente.

"Tivemos vários momentos de êxito esportivo, mas o título estadual de 2007 foi um grande acontecimento. Ganhamos do Goiás que estava em uma fase espetacular de sua história. Foram cinco títulos goianos e cada um teve uma história e uma emoção diferente. O momento mais complicado foi a quase queda para Série C, em 2013. O rebaixamento naquele período teria prejudicado de forma incalculável o projeto do clube."

Para ele, futebol é sinônimo de desafio, então acredita que deve estar preparado para lidar com qualquer situação.

Sua trajetória profissional foi marcada por títulos, vitórias, muitos sonhos realizados e ainda muita vontade para realizar grandes conquistas no futebol. Afirma estar pronto para novos desafios e sonhos.

"O futebol é a minha paixão e eu estou sempre preparado para enfrentar todos os desafios."

Conta que ainda tem muitos desejos. Acredita que é uma pessoa vencedora e sente orgulho de sua história. Porém, diz ter grandes desafios pela frente! Quer consolidar o Atlético no cenário do futebol brasileiro, tendo vida longa na Série A, fazendo o clube crescer constantemente como foi nos últimos quinze anos.

Teve a honra e o privilégio de trabalhar com grandes nomes do futebol brasileiro, de todas as áreas e reconhece o talento, esforço e história de cada um deles. Sente-se grato por isso.

Conta que admira muito Rodrigo Caetano, que considera um profissional de ótima metodologia, seriedade no trabalho, profissionalismo e grande conhecimento do futebol.

Não considera apenas os profissionais e colegas importantes, mas também a tecnologia que utiliza.

"Várias tecnologias agregam muito ao trabalho do futebol e o clube precisa estar atento para poder se adequar e evoluir. Os programas de mapeamento de jogadores são os que mais despertaram a atenção do trabalho no Atlético Goianiense."

Utiliza hoje o *Instat* como principal ferramenta de mapeamento.

Para ele, o futebol de hoje é muito mais competitivo, físico e com atletas muito mais preparados. Diz que antigamente, o futebol era mais técnico e que a *performance* dos atletas fisicamente evoluiu muito nos últimos anos. Segundo ele, o esporte está em constante evolução.

Várias partidas marcaram sua trajetória profissional, mas cita as mais memoráveis.

"Eu destacaria um jogo da Série B de 2014, contra a Ponte Preta em Campinas/SP, em que o Atlético estava perdendo a partida e conseguiu uma virada espetacular por 4 a 3, no final do segundo tempo. Não valeu título, mas é um jogo muito marcante para todos nós no clube. Um outro jogo é o título estadual de 2014, quando o Atlético venceu o Goiás com gol aos 48 minutos do segundo tempo do zagueiro Lino. E tem ainda a partida em que estávamos empatando com o Guaratinguetá e conseguimos a vitória com dois gols no final do jogo, salvando o clube do rebaixamento para Série C. O motivo é a emoção das partidas e por eu estar envolvido diretamente."

Assim como a formação acadêmica o ajudou a realizar o sonho como gestor de Futebol, acredita que a formação é importante, mas diz que a teoria nunca será mais importante que a prática. Ele viveu o futebol por treze anos como atleta profissional e isso o ajudou muito a ganhar experiência em termos práticos.

Também se importa em se manter atualizado e está sempre buscando novos aprendizados.

"Sempre que é possível participo de alguns cursos. Tenho um modelo próprio de perfeccionismo no trabalho, buscando a evolução em todos os sentidos."

Sobre modelos de gestão, comenta que admira vários e que observa todos eles, para absorver o que é melhor e se aperfeiçoar sempre.

"Os grandes clubes da Premier League e da La Liga, têm muito a contribuir. Porém, eu vejo também o futebol brasileiro em franca evolução, principalmente em gestão. Os clubes que não buscarem evoluir seus modelos de gestão tendem a ficar para trás. Vejo o futebol brasileiro no caminho certo e tenho confiança de que possamos evoluir, porque tecnicamente é um futebol diferenciado, então precisamos nos aperfeiçoar em gestão de futebol, financeira e administrativa."

Apesar de ser um grande entusiasta e observador do que existe lá fora, diz que está feliz no país e nunca pensou em sair do Brasil. Assume que tem muitos vínculos aqui e todos os seus objetivos são no país.

Fora de campo menciona que há muitos desafios e confessa:

"O maior desafio é a convivência harmoniosa com os torcedores, porque que o futebol não é uma ciência exata e nem sempre se está na melhor fase."

Diz que sempre se prepara para a vitória, mas tem momentos em que a estratégia precisa ser alterada, por isso a necessidade de ter um plano B. Considera a relação com o torcedor, que não tem a visão profissional, vai sempre pela paixão, como um desafio na gestão do clube.

Para os jovens que sonham seguir essa carreira, ele diz.

"Tem que se aprimorar muito, buscando se qualificar na teoria e também na prática. O futebol é um meio complexo, há que se saber trabalhar vários fatores para se tornar um profissional de referência."

Já para um profissional, é assertivo. Aconselha não se levar pelo "mundo", pelo antiprofissionalismo e saber respeitar os comandos e a hierarquia. Diz que deve procurar evoluir a cada momento e, principalmente, manter os pés no chão para não se empolgar, porque no futebol é preciso superar as dificuldades todos os dias.

Para os jovens de base e família, aconselha que procurem trabalhar e se dedicar ao máximo. Respeitar as pessoas e serem sempre verdadeiros, tendo como referência grandes profissionais.

Menciona a Think Ball com respeito.

"Essa empresa é uma referência no Brasil e no mundo. O Marcelo Robalinho é um grande advogado, uma pessoa que conhece muito o mercado e que tem um dos maiores escritórios do país. Eu não tenho uma história específica, mas tenho uma convivência harmônica e respeitosa com essa grande empresa."

Com uma carreira de muitos desafios, crescimento e títulos conquistados nos últimos quatorze anos, Adson Batista é um exemplo na Gestão do futebol brasileiro, que enxerga seu clube e seu trabalho ainda melhores e maiores no futuro.

2

É claro que tenho a ambição de conquistar mais títulos, o que é muito diferente de ser ganancioso. Quando você faz seu trabalho com prazer, as coisas acontecem naturalmente.

ALEX RODRIGUES BRASIL

Após iniciar sua carreira no futebol como *scout* e supervisor técnico, trabalhando, inclusive, junto ao Parma FC, seguiu sua atuação na direção executiva de grandes clubes. Nasceu em 18/02/1977, tem bacharelado e licenciatura em Educação Física e Gestão de Futebol pela CBF Academy. É casado com Fernanda Azevedo e pai de Guilherme e Gabriela. Fala italiano e passou por vários clubes como o Traffic, Parma FC, Paraná Clube, Londrina Esporte Clube, SER Caxias, Paysandu Sport Club, Coritiba Foot Ball Club e Portimonense Futebol S.A.D. Após sua passagem pelo Portimonense, da Primeira Liga de Portugal, retornou ao Brasil para assumir a gestão do Paraná Clube.

Foi motivado a entrar na gestão de futebol pela vontade de sentir a emoção de gerir um departamento de futebol em busca de conquistas.

Como muitas crianças, teve o sonho de um dia ser atleta de futebol. Teve essa experiência passando por todas as categorias de base, até chegar ao profissional. Porém, não conseguiu brilhar da forma que imaginou quando menino.

Militou em diversas áreas do futebol como na intermediação de atletas, agenciamento, *scout*, até na chegar na gestão de futebol, que hoje é sua área de atuação. De um jeito ou de outro, sempre esteve as voltas com o futebol. O destino era certo.

A percepção em negociar sempre foi uma marca em sua vida.

Com treze anos atuando na área do futebol, o trabalho que lhe marcou de forma positiva, foi sua primeira passagem pelo Paraná Clube. Encontrou o clube com uma série de dificuldades e desacreditado. E ele teve a oportunidade de desenvolver um trabalho com excelência.

O trabalho que lhe marcou negativamente foi no S.E.R. Caxias, onde teve a infelicidade de ser rebaixado para a Série B do estadual.

Em sua profissão, considera que todos podem ser surpreendidos a qualquer momento e para isso os profissionais têm que estar preparados para encarar as realidades e as condições que são apresentadas.

Considera-se uma pessoa realizada.

"É claro que tenho a ambição de conquistar mais títulos, o que é muito diferente de ser ganancioso. Quando você faz o seu trabalho com prazer, as coisas acontecem naturalmente."

Nos últimos 20 anos de história do futebol brasileiro e nos seus treze anos de trabalho, conta que teve o prazer de trabalhar com dois profissionais que hoje trilham seus próprios caminhos e que são muito capacitados: Fernando Leite, que hoje está no Cuiabá e Augusto Oliveira, que está no Maringá. Sente-se muito feliz por ter tido esses profissionais em sua equipe.

É do tipo de pessoa que sabe reconhecer no outro o profissionalismo, ética, companheirismo e parceria. Reconhece todos eles e cada um em sua especialidade e talento. Considera que são diversos profissionais que agregaram em sua formação, mas destaca Paulo Angioni, que leva como referência. Dos estatutários cita: Leonardo Oliveira, Alberto Maia, Ernesto Pedroso, Gilberto Gliber, Celso Bittencourt, Sergio Malucelli, Rodiney Sampaio, Theodoro Fonseca, Robson Ponte, Rogerio Bacelar, Antonello Preite, Frederico Pena, Walter Martucci, Celso Andretta e Paulo Cesar Silva.

Fala que sente gratidão por esses profissionais que contribuíram muito para sua carreira e pela confiança que depositaram em seu trabalho. Uma carreira não se faz sozinho, para ele existe a troca de experiências, aprendizados, informações, conselhos e histórias. Muitas histórias.

É adepto a inovações e diz que a tecnologia que mais impactou o seu trabalho de gestão foi na área de análise de desempenho.

"Ela nos dá mais subsídios para a tomada de decisão na hora de uma contratação."

As tecnologias que considera melhores e por isso as utiliza no dia a dia são a Wyscout e Rede do Futebol.

Pensa que o jogo dentro de campo mudou muito nos últimos 20 anos e diz que, sem sombra de dúvidas, isso pode ser visto na velocidade do jogo e no vigor físico dos atletas.

"Se o atleta não tiver uma dessas virtudes, força e velocidade, ficará difícil seguir na profissão."

Tem como a partida mais marcante da sua vida e sendo também a mais recente, uma entre Paraná Clube e Bahia de Feira, pela segunda fase da Copa do Brasil de 2020. O motivo foi a emoção que sentiu na virada, quando o Paraná perdia para o Bahia de Feira até os 44 minutos do segundo tempo por 2 a 0 e a virada veio aos 53 minutos de acréscimo.

Um jogo que lhe marcou como espectador foi entre Roma e Lazio, no estádio Olímpico de Roma em 2011.

"Ver um jogo, no quesito tática, maravilhoso, além de ver, com meus próprios olhos, o verdadeiro significado de um clássico para a cidade de Roma."

Afirma veementemente, que sem dúvida, a formação acadêmica é importante para sobreviver e se destacar no futebol. Considera importantíssimo e ressalta a necessidade de estar atualizado e em busca de novos conhecimentos sempre.

É uma pessoa que sempre procura estar presente em cursos de capacitação.

"Preciso estudar outros idiomas. Quando tenho tempo, procuro me exercitar para manter a saúde em dia."

Tem o desejo de aplicar um modelo de gestão do exterior no Brasil, pois acredita que toda experiência é válida e poderia ser testada, sempre mantendo o que temos de melhor, com abertura para testar, aprender e, se for bom, absorver o que outros fazem.

"O modelo italiano e o português seria um bom mix. Muitas coisas já aplico aqui de uma forma progressiva e dentro da realidade que nos encontramos."

Diferente de profissionais que nunca saíram do Brasil, Alex teve esse sonho realizado. Trabalhou no exterior, conheceu outro país, Portugal, sua cultura, tantos profissionais e experiências, que jamais teria tido se tivesse atuado apenas a nível nacional.

"Retornei pela saudade da família, mas quem sabe, eu possa voltar e seguir carreira por lá. No futebol português, pela facilidade da língua."

Conta que os desafios dentro de um clube são imensos e para ele o maior desafio foram, sem dúvida nenhuma, as questões políticas e principalmente o ir na contramão do sistema.

Para os jovens que sonham em ingressar na carreira do futebol dá um conselho:

"Estar sempre em busca de conhecimentos e, principalmente, manter a network ativa."

Já para os jogadores profissionais, afirma, que nos dias de hoje não há espaço para os "boleiros" e sim tem que ser atleta de futebol, principalmente fora do campo.

Para o jovem que está começando na base, aconselha buscar boas referências do esporte e nunca desistir de seu sonho.

"Para os pais, digo para não colocar em seus filhos atletas a responsabilidade de que eles sejam os provedores de toda a família e que eles coloquem as carreiras de seus filhos sob o cuidado de profissionais que saberão gerenciá-las."

Alex é o tipo de profissional requisitado como parceiro, por suas imensas qualidades, profissionalismo e competência. Certamente recebeu vários convites durante sua carreira, mas de um deles se orgulhou mais.

"A história que eu tive com o Dr. Marcelo Robalinho, foi quando ele me fez o convite para trabalhar com ele na Think Ball. Fiquei muito honrado pela confiança em meu trabalho, porém naquele momento optei pela gestão de clubes. Quem sabe um dia possamos trabalhar juntos. Deixo nas mãos de Deus! Parabéns pelos 20 anos de sucesso."

Humildade parece ser uma boa palavra que define esse profissional, além da simplicidade e coragem. Mais uma vida pautada no futebol e para o futebol.

3

Sou um cara que gosta de desafios. E provoco para que esses desafios aconteçam. Vou tomando atitudes até eles se tornarem reais.

ALEXANDRE MATTOS

Nascido em 07/05/1976, deu início a sua carreira como executivo de futebol no ano de 2005, no Clube América Mineiro.

Foi contratado pelo Cruzeiro em 2012 e, desde então, passou a ser apontado como responsável pela transformação no clube, atraindo investimentos e parcerias para a criação de um elenco de atletas. O resultado veio com os títulos do Campeonato Mineiro de 2014 e os Campeonatos Brasileiros de 2013 e 2014.

Em maio de 2014, foi eleito pela *Brasil Sports Market* como o melhor diretor executivo de futebol do país. O título e os bons resultados de sua direção o tornaram um dos dirigentes mais cobiçados do país e alvo de especulações, sendo sondado por outras equipes.

Em janeiro de 2015, passou a dirigir o Palmeiras, onde permaneceu até dezembro de 2019.

No início de 2020, chegou a um acordo para assumir a direção do clube inglês *Reading*. Porém, após ter o visto de trabalho negado pelo governo britânico, o surgimento da pandemia e as incertezas do momento, retornou ao Brasil e acertou com o Atlético Mineiro até o fim de 2021.

Um exemplo do futebol brasileiro na área de gestão, acredita que tudo na vida começa com um sonho. Sempre teve o sonho de trabalhar no futebol, mas primeiro tentou ser atleta.

"Fui só nas categorias de base e, ali, eu sempre fui acompanhando o máximo que podia em termos de futebol. Fui um apaixonado pelo esporte, regularmente assistia aos noticiários e tudo mais."

Tem a figura do saudoso Eduardo Maluf como uma pessoa que respeita e que deixou saudades, um exemplo de profissional, de pessoa e motivo de inspiração. Procurou seus próprios caminhos, se formando em Gestão do Esporte e, também, em MBA na mesma área. A partir dali, trilhou seus caminhos, até surgir a primeira oportunidade no América, em Belo Horizonte.

Quando iniciou sua carreira no futebol, ainda era um empreendedor, tinha academias de bairro em Belo Horizonte e, nessa época, conheceu o Superintendente Geral do América, que seis meses depois foi eleito presidente, o senhor Antônio Baltazar.

> *"Eu contei a ele sobre o meu desejo de contribuir em alguma coisa e acabei atuando dois anos como voluntário, trabalhando em todas as áreas do Clube. O América vivia um momento delicado na sua história, com problemas técnicos e financeiros, não estava em nenhuma competição nacional e nós conseguimos alterar esse status. Fui aprendendo em todas as áreas do clube e principalmente no futebol. O Antônio Baltazar me direcionava para algumas situações a serem resolvidas, o que fui fazendo com muito amor e dedicação para alcançar o meu sonho. Queria trabalhar mesmo nisso."*

Depois de dois anos, foi chamado. Ouviu que precisavam dele e de seu modo confiante de trabalhar. As coisas foram acontecendo. Ficou no América por sete anos até 2011, quando se sentiu esgotado dentro do clube e tentou novos desafios após pedir desligamento. Três meses depois, conta que Deus o abençoou. O Cruzeiro lhe abriu as portas, o convidando para ser diretor executivo de futebol. Dali, sua carreira seguiu por três anos, depois, no Palmeiras, por cinco anos e hoje está no Clube Atlético Mineiro.

Sente muito orgulho dos seus sete anos no América, onde tudo começou. Considera o trabalho de maior destaque, apesar de não ter a mesma exposição que teve no Cruzeiro ou no Palmeiras.

> *"As pessoas que me conhecem, desde o América, sabem como o clube estava e como o clube ficou, com um legado que até hoje o América possui. Foi uma grande escola e aprendizado, uma dedicação enorme para conquistar o respeito e, posteriormente, conseguir um espaço no cenário nacional. Primeiro no Cruzeiro, depois no Palmeiras. Cada passo foi fundamental."*

Não guarda o que considera negativo pois não consegue. Só se lembra de coisas boas e positivas. Afirma que o que é negativo tem de ser transformado em algo positivo, que são as dificuldades e a pressão. Diz que devemos honrar os erros que acontecem no futebol e encarar tudo como aprendizado.

Afirma que desafios e aprendizados sempre surgem e isso é inerente à profissão do futebol como tudo na vida.

> *"Sou um cara que gosta de desafios. E provoco para que esses desafios aconteçam. Vou tomando atitudes até eles se tornarem reais."*

É da opinião de que o homem que para de sonhar e desejar algo a mais, seja no sentido do conhecimento, aprendizado ou desafio, acaba parando no tempo. Não se considera um profissional assim. Pensa que ainda tem muita coisa a ser realizada e sonhos ainda a serem concretizados. Buscar ser uma pessoa melhor a cada dia é o principal deles.

"Graças a Deus, eu acredito muito em equipe de trabalho. As equipes das quais participei, nos meus quinze anos de carreira, me fizeram um bom e dedicado profissional, aquele que busca seus objetivos e alcança sucesso e conquistas junto com a equipe. Não consigo direcionar mérito apenas para uma pessoa. Todos os colegas e amigos que participaram da minha carreira foram fundamentais."

Além do Eduardo Maluf como exemplo de profissional, tem, também, Paulo Angione, como referência de executivo de futebol, com absoluto respeito e admiração.

Crê que a evolução da tecnologia é mundial e não só no futebol. Afirma que não se pode parar no tempo. Comenta que, hoje, se consegue detectar tudo que o jogador faz dentro de campo. Afirma que é fundamental: saber quantos quilômetros o atleta corre, em qual setor ele se dedicou mais, qual a velocidade que ele impõe nos treinamentos e reforça que isso é essencial para se ter uma *performance* elevada e poder cobrar do atleta, tanto em treinamento quanto em jogos, aquilo que se tem deles como parâmetros.

Como diretor executivo, utiliza principalmente as ferramentas de acompanhamento de atletas do Brasil e do exterior.

Acredita que a dinâmica, a questão física e a intensidade das técnicas do futebol evoluíram muito e quem não acompanha essa evolução perde a possibilidade de vitória nos jogos e de conquistas, as chances de sucesso ficam reduzidas.

Tem como jogo mais marcante, dentre os clubes pelos quais trabalhou, o de acesso da segunda divisão da Série B para a Série A, do América contra a Ponte Preta, em Campinas.

"Veio todo filme na minha cabeça: o campeonato mineiro da segunda divisão que enfrentamos, andando de ônibus por milhares de quilômetros. Ninguém acreditava naquele projeto. Muitos falavam que o América já tinha sumido e a gente conseguiu alavancar rapidamente. Em 2009, fomos campeões da Série C. Em 2010, conseguimos jogar na Série B e conseguimos acesso no jogo da Ponte Preta. Precisávamos de um empate e estávamos disputando com clubes com muito mais orçamento e alcançamos um empate de 0 a 0, conseguimos alcançar nosso objetivo."

Cita o jogo da Seleção Brasileira, na final da Copa do Mundo em 2002, como um dos mais emocionantes que assistiu e imagina ser um jogo que marcou não só a sua vida, mas a de muitos brasileiros.

Acredita que a formação acadêmica o ajudou a ser um profissional, um ex-atleta e uma pessoa bem-sucedida na gestão do esporte. Para ele, tudo serviu como base, tendo a noção da relevância acadêmica desde muito jovem.

Faz questão de estar sempre se atualizando, tanto profissionalmente quanto no desenvolvimento físico e pessoal. Procura sempre estar atualizado na questão de idiomas, como espanhol, inglês, que usa no dia a dia. Faz corrida, ginástica e academia. Diz que sua corridinha diária pelas ruas lhe proporciona prazer e bem-estar.

Sobre modelos de gestão, acha que os modelos europeus são exemplos para todos, destacando a diferença para os clubes brasileiros, que são sociais estatutários. Evidencia que o maior dificultador é ter que interromper a gestão de tempos em tempos, para se adequar a outra.

Considera a gestão europeia mais moderna, pois trata-se de proprietários que podem fazer um planejamento de até uma década, enquanto, em nosso país, o planejamento dura poucos anos. Conta que, com a insanidade da cobrança das mídias sociais e tudo que envolve o futebol, por vezes, o presidente estatutário acaba atropelando os processos devido ao imediatismo e o tempo limitado que possui para atingir os objetivos.

"Se você não ganha, a cobrança bate e acaba que se desfaz todo um trabalho e tem que começar um novo trabalho, outra ideia, outra filosofia."

Quis trabalhar no exterior e quase aconteceu. Recebeu convite há alguns meses, no início de 2020, para trabalhar na Inglaterra, no *Reading*. Mas infelizmente, com a pandemia, as negociações atrasaram e se complicaram, como o processo de visto. E acabou que não foi possível realizar isso agora, mas guarda o desejo de trabalhar fora. Sente que seria uma honra ter a oportunidade de trabalhar na Inglaterra, um exemplo de gestão e de jogo. Também olha para os Estados Unidos como uma possibilidade futura.

Os maiores desafios estão relacionados ao fato de os clubes serem todos estatutários e, com isso, possuírem estatutos com data limite para encerramento dos trabalhos. Isso faz com que as pressões se tornem gigantescas. Pensa que o maior desafio de um diretor executivo é mostrar o seu trabalho, pois são julgados por contratações.

"Nos colocam como heróis quando as contratações dão certo e como bandidos quando não. Mas as coisas não funcionam assim, o executivo faz muito mais do que isso. E o nosso maior desafio é mostrar isso às pessoas, para que elas possam compreender melhor o fato e não nos julgarem como contratadores, mas sim como gestores."

Aconselha os jovens aspirantes a correrem atrás de seus sonhos com a consciência do caminho árduo que terão pela frente. Conta que ninguém chega por acaso em uma posição de sucesso. Fala que muitas pessoas o enxergam como o gestor do Atlético, do Palmeiras e do Cruzeiro, mas não têm ideia da luta que foi seu início de carreira, quando teve que abrir mão de tantas coisas, vivendo dois anos como voluntário, passando por cima de situações delicadas e abrindo mão da vida pessoal.

"É preciso dedicação e foco para ir atrás dos próprios sonhos, com muita garra, muita vontade, porque depois, de uma maneira ou outra, acaba vindo."

Segundo ele, um jogador profissional deve saber que sua carreira é curta e, por isso mesmo, ele precisa sempre criar, buscar alternativas acadêmicas ou outras, imaginando o que será do futuro, de preferência com antecedência para planejar uma especialização. Assim, quando o atleta parar de jogar, não vivenciará a sua primeira morte, já que o jogador costuma ter duas: uma natural e outra antes, quando ele para de jogar.

Para o jovem de família, que está começando na base, afirma que este deve perseguir seu sonho, mas com a clara compreensão da necessidade de dedicação e foco para que o sonho se concretize. Acredita que se o atleta se dedicar, tiver foco e colocar sentimento acima de tudo, irá alcançar o que deseja. Segundo ele, os jovens precisam entender o custo de seus sonhos para chegar a ser profissional de um grande clube. Pode acontecer sim, mas depois de muito trabalho.

Considera a *Think Ball* uma empresa sólida. Diz que quando se refere a solidez no futebol, há conexão direta com pessoas sérias, honestas e que souberam dedicar sua empresa para aquilo que é correto e ético.

"Falar deles é fácil. O Marcelo é um cara que eu tenho respeito e admiração profissional muito grande. Acho que ele é um modelo do que se encontra no nicho dessas empresas, que pelas décadas de mercado, falam por tudo que é seriedade, por todo profissionalismo. Eu desejo muita sorte, muita coisa boa para ele, para empresa e para todos os envolvidos. Há mérito e competência por trás dessas pessoas e empresa."

4

Eu entendo que nós ainda temos que evoluir e muito. O futebol, às vezes, conduz os profissionais a alguns posicionamentos e precisamos, de certa forma, evoluir, seja nos conceitos técnicos ou nos conceitos morais.

ANDERSON BARROS

Anderson Barros é casado, tem 52 anos, é professor de Educação Física formado pela UFRJ, Bacharel em Direito pela Universidade Gama Filho, com MBA em Administração Esportiva.

Começou a atuar nos anos 1990 no futsal, passando por Vasco da Gama e Flamengo. Foi no Rubro-Negro onde iniciou a carreira como gestor, em 2005. Assumiu a diretoria de futebol do Figueirense em 2006 e, no ano seguinte, foi vice-campeão da Copa do Brasil pelo clube catarinense. Foi, também, bicampeão Estadual, em 2006 e 2008. Na temporada 2009, comandou a gestão do Botafogo e, em sua primeira passagem pelo Alvinegro, sagrou-se campeão carioca de 2010. Em seguida, trabalhou no Bahia, Vitória e Coritiba, antes de voltar ao Rio de Janeiro para assumir o Vasco da Gama em 2017. Após um ano, retornou ao Botafogo e, em dezembro de 2019, chegou ao Palmeiras.

Desde quando tudo começou, na escola de Educação Física, teve a oportunidade de iniciar uma carreira no futsal no Flamengo, começou como preparador físico e, de repente, por uma capacidade de organização e suporte a toda comissão técnica, acabou sendo convidado para a área de gestão e coordenação. Em 2004, fez um trabalho administrativo no futebol profissional, e, a partir de 2005, passou a ter uma responsabilidade maior. Então, ele mesmo considera o ano de 2005 como o ano em que começou no futebol.

Conta que o início de sua carreira se deu trabalhando muito. Sempre entendeu que qualquer coisa que se faça, tem que se trabalhar muito.

"Ter convicção dos seus princípios e dos seus conceitos, daquilo que você entende que é o correto, como em qualquer profissão da vida, você precisa trabalhar muito. O primeiro clube em que trabalhei foi no futsal do Flamengo, na categoria mirim, fiquei alguns anos trabalhando no futsal até ter o primeiro convite no futebol de campo. Durante esse período, tive a oportunidade de exercer a atividade de preparador físico, de auxiliar de preparação física, mas sempre tendo essa linha voltada para a organização, para o processo como um todo. Aí vieram os outros cursos, como o do Direito e da própria Administração Esportiva, na Fundação Getulio Vargas, para poder ter a condição de iniciar nessa função."

Dos trabalhos realizados nos últimos 20 anos, diz que é difícil mencionar o que lhe marcou de forma mais positiva e, também, de forma mais negativa. Conta que o trabalho de 2017, no Vasco da Gama, foi complexo, pois o clube passava por muitas dificuldades, mas, no final, acabou conquistando uma vaga para a pré-Libertadores e achou que foi muito importante. Acrescenta que o trabalho no Vitória da Bahia também foi marcante, assim como no Botafogo, onde acabou conquistando dois títulos nas suas duas passagens por lá. Fala sobre o período difícil e atual no Palmeiras, que tem sido um ano atípico pela crise que todos estamos enfrentando e pela mudança que o clube está se propondo a fazer. Cita, também, o Bahia, em 2013, um ano em que o clube passou por muitas transformações. É difícil dizer qual foi o trabalho mais marcante.

"Posso dizer que um dos trabalhos mais difíceis que eu tive foi no Coritiba, em 2014, apesar de se ter como objetivo principal a manutenção do clube na Série A, foi um trabalho muito complicado e acabamos não tendo o resultado que esperávamos, o que me marcou de forma negativa. Foi muito difícil naquele ano. Em alguns clubes, apesar das dificuldades, se tem uma expectativa e você acaba conquistando os objetivos. Em 2019, por exemplo, no Botafogo, um ano extremamente complicado, muito difícil, a gente brigou muito para que o clube se mantivesse na elite do Campeonato Brasileiro. Conseguimos, mesmo com tudo que aconteceu, entendemos que o momento do clube era aquele. Na época do Coritiba, a gente achava que poderia seguir um caminho melhor e, de repente, a coisa não andou como o esperado."

Acredita que todos os dias pode ser surpreendido por novos desafios. Relata que o trabalho no Palmeiras é um desafio diário, devido às mudanças que estão se propondo a fazer a partir do que foi definido pelo clube. Reforça que é um desafio conseguir manter o Palmeiras como protagonista, disputando títulos, vencendo, tendo de implantar as mudanças propostas na estruturação do futebol do clube.

Sobre sonhos ainda a realizar na vida e no futebol, diz que sempre quer algo mais, estar sempre vencendo e conquistando títulos importantes. Acredita que, primeiro, precisa ter o próprio respeito ao trabalho que realiza. É convicto em relação a isso. Procura fazer tudo com a maior correção possível. Diz que nem sempre as coisas acontecem, mas busca títulos nacionais e internacionais, já que isso é importante e é sempre a coroação de um trabalho. Mas isso não significa que, às vezes, quando não se conquista, não haja uma satisfação por aquilo que se realizou.

Sobre gestores com quem trabalhou e acabaram seguindo carreira solo, diz que existem muitos profissionais competentes, cada um dentro de uma linha de trabalho.

"Eu entendo que nós ainda temos que evoluir, e muito. O futebol, às vezes, conduz os profissionais a alguns posicionamentos e precisamos, de certa forma,

evoluir, seja nos conceitos técnicos seja nos conceitos morais. Eu acho que o futebol carece muito disso, mas é uma coisa que a gente precisa buscar de qualquer forma. Por exemplo, eu tenho hoje a condição de conviver no Palmeiras com dois excelentes profissionais, um é o Cícero Souza, Gerente de Futebol, que exerce a função com uma maestria muito grande. Eu vejo hoje, ao mesmo tempo, o Edu Dracena, um profissional que saiu agora das quatro linhas e está buscando uma especialização. Trabalhei com outros profissionais no passado, cada um na sua função, todos com uma capacidade muito grande para poder evoluir. Você tem também os profissionais mais antigos, com uma experiência, uma maturidade e uma capacidade de tomada de decisão muito grande, e alguns outros profissionais jovens crescendo com muita força no mercado. É difícil mensurar, não consigo dizer somente um."

Sobre profissionais e estatuários com quem trabalhou, diz que há alguns excepcionais. Menciona uma vez, quando trabalhou com um presidente de sensibilidade incrível. Diz que foi um dos trabalhos que conseguiu realizar no Vitória da Bahia, com o presidente Raimundo Viana, um presidente com percepção de vida excepcional. Explica que se tivesse que citar uma pessoa com quem conviveu nesses últimos anos, poderia dizer que ele foi alguém que o ensinou muito. Acrescenta, ainda, que como o futebol é uma coisa muito complexa, às vezes são necessários determinados portos seguros para que se possa discutir, extravasar e aprender. E, por tudo isso, diz que o aprendizado foi muito grande nesse período.

Com respeito ao avanço da tecnologia nos últimos 20 anos e o impacto gerado no futebol, tem a opinião de que quantidade de informações disponíveis hoje para as equipes é de fundamental importância para a tomada de decisões em todas as esferas.

Segundo ele, hoje, em cada segmento do futebol, há uma quantidade enorme de informações que mudaram o modo como se administra o futebol nas últimas décadas. Pondera que as tecnologias dificultam e, ao mesmo tempo, permitem tomadas de decisões mais corretas, graças ao nível das informações disponibilizadas a todo instante.

"Não podemos julgar que uma plataforma seja melhor que a outra, eu acho que o mais importante é essa quantidade de informações que se recebe e a capacidade que se vai ter para processar todas elas. Eu sempre digo que de tudo o que se faz no futebol, há tem algo que é fundamental, que é a capacidade de levar o atleta ao seu limite máximo sempre. A gente nunca pode esquecer que, apesar de todas essas informações, o que mais vale hoje é essa evolução do atleta, o entendimento e o reconhecimento do jogador como um indivíduo para que você possa buscar o melhor e a melhor performance que ele possa entregar. E isso é diário. Como o nível de exigência, pela quantidade de informações que se tem, é constante, então é necessário fazer com que o atleta possa entregar o máximo."

Ele mesmo descreve as ferramentas que utiliza no dia a dia. Diz que, no Palmeiras, tem, hoje, uma série de plataformas. Cita como exemplo, o sistema de Análise de Mercado, mas menciona que existem também outros níveis de informações, até mesmo do setor da Fisiologia e da Coordenação Científica, que complementam todo esse processo.

Entre as ferramentas tecnológicas utilizadas pelo Palmeiras para Análise de Desempenho, estão: Wyscout, Footstats, InStat, Sportscode e Tactic. O departamento de Fisiologia utiliza: STATSports e Firstbeat. O departamento de Fisioterapia utiliza: Pshysimax. Para análise de mercado e, também, a parte administrativa, utilizam a ferramenta Beatscode).

Fala que quando se analisa um atleta, quando se imagina buscar o máximo de performance, ou trazer o máximo dessa performance quando da contratação de um atleta, está envolvido um somatório de questões. As informações favorecem algumas tomadas de decisão, mas, hoje, dentro da complexidade de um clube de futebol, às vezes, elas não são suficientes, pois outros fatores devem ser considerados.

Explica que quando se seleciona um atleta para uma contratação, existe uma série de variáveis que são colocadas à mesa, e acaba-se tendo que fazer escolhas não apenas relacionadas à performance. Quando discute-se a contratação de um atleta, são muitos os fatores a serem considerados e quanto mais estruturado é um clube, mais profissionais são os processos e mais você se prende a essa condição da performance propriamente dita, mas em algumas situações há outras variáveis inseridas nesse processo, que acabam levando a dúvidas em uma decisão.

"Num caso específico, como o do Palmeiras, nós temos todas as informações possíveis através de todas essas plataformas para que você possa tomar as decisões, mas algumas outras variáveis também acabam influenciando. Esse processo não é uma matemática extremamente exata. Mais uma vez: quanto mais estruturado for o seu clube, mais matemática será essa decisão e menos possibilidade de erro vai ocorrer. E nunca esquecendo disso: hoje se percebe, claramente, até pela performance dos principais clubes do mundo, que não se trata mais apenas do atleta, trata-se do indivíduo como um todo. Hoje, a performance vai além da questão das quatro linhas, é preciso entender o atleta como uma pessoa que vive dentro de um universo e que é preciso cuidar de todo esse universo para que se possa ter a performance dele dentro de campo. Por isso que, hoje, não conseguimos definir qual é o modelo de gestão ideal, existem vários processos e vários modelos de gestão e tem que se entender, no seu clube, qual é aquele que pode entregar o melhor resultado, mas nunca esquecendo-se que é preciso cuidar do atleta, o principal produto desse processo, no seu todo. O técnico do Liverpool (Jürgen Klopp) frisa isso muito bem como ele tem que cuidar de tudo aquilo que envolve cada um de seus atletas para que ele possa tirar deles a melhor performance dentro de campo."

Sobre as mudanças dentro de campo ocorridas nos últimos 20 anos, cita, além das variações táticas e da evolução física dos atletas, a capacidade que hoje existe de se tirar o máximo de cada um dos atletas. Fala que essa é uma busca incessante, há equipes extremamente qualificadas, mas que se não tem a condição, por uma série de variáveis, de tirar o máximo dessa equipe, fazer com que cada um dos atletas possa render próximo ou dentro do limite. Por isso diz que é necessário cuidar de cada um dos atletas. Reforça que esse é um processo que, hoje, leva mais tempo que antigamente, porque as influências sobre cada uma dessas peças são muito grandes.

"Imagine o que cerca um atleta quando você o traz da base para o profissional, quando você traz um jogador sul-americano para o Brasil, quando você traz um outro atleta de mais longe ainda para o Brasil, quantas coisas giram em torno desse atleta e quanto é difícil você exigir dele ou fazer com que ele te entregue o seu máximo em cada jogo. Acho que esse é o grande desafio do futebol nos dias de hoje."

Sobre a partida mais marcante que vivenciou na carreira nos últimos 20 anos, menciona dois jogos que o marcaram muito, um título no Botafogo com gol do Joel Carli nos acréscimos do segundo tempo.

"Nós empatamos o jogo, fomos para a disputa de pênaltis e acabamos campeões cariocas, foi um jogo extremamente emblemático para mim por todas as dificuldades. E, hoje, o mais recente de todos, nós vencíamos a final do Campeonato Paulista. Estávamos ganhando quando, no último minuto, tivemos uma penalidade contra nós. O jogo terminou empatado e fomos para a disputa de pênaltis. Havia 12 anos que o Palmeiras buscava esse título e conseguimos. Foram duas partidas que tiveram um peso extremamente significativo, e que terminaram com o mesmo resultado de 1 a 1, mas que aconteceram de forma contrária; em um nós fizemos um gol no final, no outro sofremos muito no final, levando esse o jogo para a disputa de pênaltis."

Conta o que pensa sobre a formação acadêmica e profissional para quem deseja trabalhar no futebol. Considera importante e sempre diz para os profissionais e para os mais jovens que é fundamental estudar, pois, segundo ele, toda vez que se adquire conhecimento e uma formação, isso ajuda no desempenho prático. Diz que, assim como aqueles que estiveram dentro das quatro linhas são importantes, também é importante o profissional que se prepara fora de campo, pois os conhecimentos se complementam e ajudam no processo de tomar decisões.

Reforça que sua função, de forma específica, incluiu muitas tomadas de decisões e se vê como um facilitador de todo um processo a todo instante. Diz que é preciso orientar e mostrar um melhor caminho e quanto mais informações se tem, melhor.

"A gente costuma dizer que nossos pais e nossos avós são muito mais experientes e melhores do que nós porque eles viveram. Não só porque eles viveram mais do que nós, mas porque eles tiveram uma trajetória na qual puderam adquirir experiências que facilitam as tomadas de decisão. Quando, por exemplo, a gente diz para um jovem atleta 'não faça isso, porque vai acontecer aquilo', é porque a gente já viu que isso ocorreu, mas só que ele ainda não é capaz de entender e visualizar aquela situação. Sempre tento passar para os profissionais mais jovens que eles adquiram o maior nível de informações possível para que, quando precisarem tomar decisões, possam ter mais condições e subsídios para toma-las. É o que digo, por exemplo, ao Edu (Dracena), sobre idiomas. Eu tenho uma dificuldade, às vezes, quando temos que passar por uma discussão em outra língua, porque é complicado não ter o domínio, você é obrigado a recorrer a algumas tecnologias, trocando mensagens por WhatsApp, trocando e-mails, porque a língua torna-se um dificultador numa discussão e, quanto mais você domina-la, mais fácil esse contato se dá com o mercado, com os agentes, com os representantes e com os clubes de nível internacional, como um clube como o Palmeiras te exige. Eu acho que tudo isso é fundamental."

Ele mesmo é adepto a continuidade do aprendizado e do autocuidado. Conta que está reforçando o inglês. Confessa que teve certa dificuldade, mas hoje acredita que está atingindo um estágio melhor, até porque o clube exige isso. Diz que já recebeu convites para dar palestras, mas se diz muito reservado para isso. Menciona ainda que vê o próprio Cícero Souza palestrando em cursos e o incentiva e diz a todos que não parem um minuto sequer, porque o nível de informações dentro do mundo do futebol é muito grande, é diário, e se não tiver a competência para poder acompanhar, rapidamente se fica para trás, dificultando as tomadas de decisão.

Sobre esportes, conta que pratica caminhada. Considera importante pela questão de saúde e para que se possa enfrentar a maratona que é o futebol. É preciso ter o mínimo de condição. Diz que apesar do período pandêmico, em que quase todos fomos obrigados a nos preservar e a nos reservar, está procurando fazer a sua caminhada pelo menos algumas vezes por semana para que possa aguentar o ritmo do futebol.

Sobre modelos de gestão do exterior que possivelmente poderia aplicar no Brasil, questiona: 'O que você chamaria de modelo de gestão?'. Diz que não existe um único modelo. E instiga a reflexão: 'Na concepção da tomada de decisão? Na concepção dos comitês gestores?' E ressalta que este último, em sua visão, é sempre o mais positivo para os clubes. Acredita que existem vários modelos de gestão, e todos eles com grande sucesso. Particularmente, entende que quando se considera a participação do Diretor Executivo, do CEO, de um comitê que possa respaldar todas as decisões tomadas, é a forma mais positiva que se pode encontrar.

Explica que diante da grandeza do futebol, dentro de tudo aquilo que ele oferece, é muito importante que haja pessoas e segmentos extremamente estruturados para as tomadas as decisões. Num clube empresa, cita como exemplo que se tem duas vertentes básicas atualmente: a do comitê, na qual participam o próprio Diretor, o CEO do clube e o Diretor de Gestão e Finanças, para que sejam tomadas todas as decisões, ou se tem um clube empresa em que o Diretor Executivo se reporta, única e exclusivamente, ao Presidente da própria empresa, e assim são tomadas as decisões, como acontece, agora, no Paris Saint-Germain.

Diz que é preciso entender a instituição e a forma de gestão que o clube tem, e que o modelo de clube empresa não garante que as decisões sejam tomadas da melhor forma ou de maneiras mais acertadas. Tudo depende do conceito que se consegue implementar nas suas tomadas de decisão. Cada clube, tem o seu método de tomadas de decisão, como no Manchester City, na figura do treinador.

Narra que, num passado recente, há o exemplo do Manchester United, que tinha isso tudo na figura de uma única pessoa, e essa pessoa foi um ícone dentro do clube, referindo-se a Alex Ferguson, que comandou o clube por tantos anos com grande sucesso. Acha que é preciso não ficar preso a isso como a principal referência para que um clube tenha ou não um resultado. Acredita que o processo de tomada de decisões está muito vinculado a essa estruturação da empresa ou do clube, e quando você acredita nesse modelo, é ele que vai te levar sempre a tomar as melhores decisões.

Diz que há muitos modelos de gestão. Cita a Liga Inglesa e menciona, também, a Espanhola e a do Brasil. Para ele, existem modelos diferenciados de gestão, alguns com extremo êxito dentro da referência que cada clube oferece, como o Athletico Paranaense, o próprio Palmeiras, que conquistou tudo o que conquistou nos últimos anos, o Flamengo, o Bahia, que vem crescendo, e cada um com uma particularidade em seu modelo de gestão. Ainda em nível internacional, cita o PSG, clube em que os processos são bem definidos e entendidos por todos.

"Assim como se entende hoje qual é o modelo de gestão do Liverpool, também na personificação da figura do treinador. E você percebe outros clubes na Espanha onde há uma divisão, ou no Bayer de Munique, que acabou de ser campeão europeu, se tem a figura do Diretor Executivo na forma de gestão e tomada de decisão do clube. Há modelos diferenciados de sucesso e que entendem o processo da instituição como um todo. A gente gosta de ficar preso a modelos estabelecidos, por isso digo que temos que ter o maior conhecimento possível sobre as informações para, aí sim, entendê-las e adaptá-las a sua instituição e respeitar suas convicções, porque não adianta você mudar aquilo que você acredita a cada curva. Não vai funcionar. Da mesma forma, não faça sempre a mesma coisa e espere resultados diferentes, se você faz sempre a mesma coisa, você vai ter sempre resultados iguais. A gente tem que entender a coisa como um todo, fica mais fácil."

Sobre seguir na carreira no exterior, diz que se pudesse, gostaria sim de ter uma experiência fora do país e ter a oportunidade de trabalhar em Portugal ou na Espanha. Para ele, são países com estrutura em suas respectivas ligas e que permitiriam desenvolver um bom trabalho. Se tivesse essa oportunidade, afirma, com certeza, que iria. Explica que, normalmente, pelo que acompanha, apesar da pressão e cobranças, todos os processos nesses lugares têm início, meio e fim. É possível realizar o trabalho de uma temporada inteira, o que considera um fator de grande relevância. Reforça que, às vezes, há situações que não levam ao resultado que se espera imediatamente e, num futebol como o nosso, em que as cobranças são diárias, às vezes não é possível fazer trabalho de longo prazo.

Sobre o os desafios fora de campo, acha que, em um futebol como o nosso, com todas as conhecidas variáveis: aspectos políticos e administrativos, torcida, influências diretas que existem de todo o mundo tecnológico, grande quantidade de informações, imprensa e cobranças diárias, manter-se fiel às suas convicções é sempre difícil, um desafio. Para ele, em alguns momentos, acaba-se até sucumbindo a tudo isso e, eventualmente, tomando decisões que, mais tarde, se tornam questionáveis. Acrescenta que tudo isso faz parte e espera amadurecer cada vez profissionalmente para estar sempre consciente desses momentos e tomar as melhores decisões

"Esse é o desafio de quem hoje trabalha com futebol, principalmente em um país como o nosso. Estar ciente das suas convicções e entender que apesar de todas as pressões que existem, você precisa manter-se fiel a elas. Eu digo isso porque eu entendo o clube onde estou nesse momento, que é o Palmeiras, no qual as cobranças são muito grandes, não é fácil você chegar num clube do tamanho do Palmeiras e de cara conseguir realizar um trabalho, você precisa de algum tempo, e o tempo é uma coisa que não existe no futebol, mas que cada profissional consiga confiar nas suas convicções e naquilo que entende ser o melhor."

Para os jovens que querem ingressar no futebol, diz que o esporte vai ser sempre fascinante, pois segundo ele, o futebol nos acompanha o tempo todo, quando se liga a TV, o celular, quando se entra em qualquer lugar, se tem o futebol em evidência. Diz que sempre foi assim com meninos que sonhavam se tornar jogadores, mas explica que além disso, hoje uma série de profissionais entende e percebe que o futebol pode oferecer uma condição de trabalho, é um mercado extremamente interessante, que oferece uma série de oportunidades. O conselho que dá é trabalhar muito! Trabalhar, se esforçar, estudar, buscar o máximo de informações possível porque, segundo ele, a vida é assim, não é diferente, e o futebol é um reflexo da vida.

Já para um jogador de futebol profissional, pondera que o futebol permite condições ímpares para se ofertar à família, uma boa condição de vida. Mas lembra que, como em qualquer outra profissão, é preciso saber que tudo isso vai passar e não se pode desperdiçar nenhum momento. Deve se aproveitar e viver ao máximo esse momento para que depois não haja lamento, "ah, eu poderia ter feito aquilo". Quando diz para aproveitar ao máximo, é no sentido de trabalhar muito, ser o mais profissional possível para que se possa alcançar objetivos e, no futuro, não se arrepender.

Para um jovem que está começando na base, aconselha que tem de saber que o sucesso desse menino vai ser em grande parte consequência da estrutura familiar. Diz que o que pessoas veem é muito pouco, só veem o sucesso nas mídias e na imprensa, e reflete sobre quantos atletas e meninos tiveram seus sonhos interrompidos. Relembra que é um número infinitamente maior, que não tem comparação a quantidade daqueles que não conseguem seguir a carreira em relação aos que acabam tornando-se jogadores. Adiciona que tudo isso na vida é consequência, então, o seu conselho é que os jovens se estruturem, organizem-se e entendam que nada é conquistado sem muito trabalho e dedicação. A família deve dar suporte e, paralelamente, dar condições e alternativas para que o jovem tenha opções além do futebol. Para ele, as possibilidades são muito pequenas, o nível de competitividade e a quantidade de pessoas que buscam esse sonho é muito grande e muitos acabam por desistir no meio do caminho. Então, reforça que se o indivíduo não estiver organizado, se a família não for estruturada, o preço a ser pago será muito grande.

"O futebol é um reflexo da vida. O futebol, por ser extremamente midiático, a gente só vê aquele jogador que está dando certo, aquele que recebeu algum tipo de evidência, mas em sua maioria, em grande parte, as coisas não acontecem e as pessoas acabam tendo uma série de frustrações. Se você fizer uma contagem nas categorias de base de quantos jogadores chegam e quantos não chegam, você vai ver quantas famílias acabam se desestruturando, perdendo até aquele básico que tinham, porque o pai e a mãe trabalhavam e tinham uma estrutura mínima que permitia um certo conforto e tudo isso é abandonado quando as coisas acabam não acontecendo para aquele jovem jogador, há uma desestruturação muito grande daquela família. O futebol conduz a isso porque ele alimenta uma esperança que não é real. Muitos poucos conseguem chegar."

Menciona a sua experiencia com a Think Ball e Marcelo Robalinho com admiração. Conta que conheceu o pessoal todo da Think Ball antes, quando ainda existia uma sociedade e, depois, sempre manteve uma relação com o Marcelo.

"O futebol te leva a algumas posições e a algumas tomadas de decisão em que às vezes as pessoas esquecem os princípios básicos das relações pessoais, como honestidade, transparência e compromisso. E uma coisa que eu sempre tive com o pessoal da Think Ball, mesmo antes ou agora só com o Marcelo Robalinho, foi isso, esses valores muito bem preservados. Eu nunca tive um problema no qual as partes nunca respeitaram aquilo que foi dito. Eu acho que são princípios fundamentais, mas que o mundo do futebol às vezes se esquece. E olha que já tivemos discussões, brigas e pontos de vista diferentes, mas sempre respeitando muito os princípios da relação das pessoas, do ser humano. Eu só posso agradecer. Sempre que necessário, a postura foi profissional e correta. Se eu for lembrar de alguns casos, desde a origem da Think Ball até hoje, eu vou falar do mais recente e do

último, envolvendo a renovação de um dos nossos meninos, que é o Lucas Esteves. Divergimos, discutimos, mas conseguimos chegar a um denominador. Acreditamos que possa ser um projeto positivo para todos. Em relação às empresas que agenciam e representam atletas, é fundamental que cada decisão, primeiro, preserve a instituição, que o atleta possa conquistar seus objetivos pessoais e, por consequência, as duas partes, clube e jogador, tenham o seu resultado final, e as agências possam ter os seus retornos. Acho que se todo mundo encarasse as coisas com maior simplicidade de conceito, as decisões seriam mais fáceis, sem ninguém querer passar por cima de ninguém. Essa é uma condição que enxergo totalmente no Marcelo e na Think Ball."

Esta é uma carreira inspiradora e que fica como exemplo de motivação e disciplina para os que tanto almejam seguir nesse mundo e nessa difícil carreira.

Anderson Barros demonstra com a sua trajetória uma verdadeira história de garra e vontade de seguir adiante. Não é fácil chegar onde chegou, mas é possível!

5

Fui motivado a ingressar no mundo do futebol por paixão pelo esporte, sempre quis trabalhar na área. Como sou advogado de formação, apesar de não mais exercer a profissão, me dediquei a trabalhar com o direito desportivo.

ANDRE ZANOTTA

André Zanotta é casado e tem dois filhos. Atualmente, é Executivo de Futebol do F.C. Dallas, da Major League Soccer (MLS). André é formado em Direito pela Universidade Mackenzie de São Paulo, pós-graduado em Direito Desportivo e possui Mestrado em Negócios do Esporte pelo FIFA Master. Trabalhou no Atlante F.C. de 2010 a 2011, no Traffic Sports de 2011 a 2012, no Santos F.C. de 2012 a 2015, no Sport Recife de 2015 a 2016 e no Grêmio F.B.P.A. de 2017 a 2018. Foi Campeão Paulista com o Santos em 2015 e bicampeão da Copa SP em 2013 e 2014, campeão da Libertadores com o Grêmio em 2017, além dos títulos da Recopa Sul americana e do Campeonato Gaúcho, ambos em 2018.

"Fui motivado a ingressar no mundo do futebol pela paixão pelo esporte, sempre quis trabalhar na área. Como sou advogado de formação, apesar de não mais exercer a profissão, me dediquei a trabalhar com o direito desportivo. A partir daí, trabalhei diariamente com clubes de futebol no Brasil, pertencentes a diferentes divisões, percebi que haveria espaço para trabalhar na gestão de clubes, caso me dedicasse a estudar e me aprofundasse sobre o tema. E foi o que eu fiz."

Começou como advogado num renomado escritório de advocacia, trabalhando exclusivamente com direito desportivo. A partir dali, resolveu estudar mais a parte de negócios do esporte e foi fazer mestrado na Europa. Concluído o mestrado, trabalhou no Atlante F.C., clube do México, atuando em diferentes áreas. Considera que esse foi o seu ponta pé inicial.

Dos trabalhos realizados nos últimos 20 anos, diz que considera difícil dizer o que o marcou de forma positiva por terem sido vários momentos. Conta que, apesar de não ser necessariamente pelo desempenho esportivo, o principal foi o título da Copa Libertadores da América em 2017 e a participação no Mundial de Clubes da FIFA no mesmo ano, todos pelo Grêmio. De forma negativa, não tem nada que se recorde. Fala que houve momentos difíceis em todos os clubes em que trabalhou, mas que sempre serviram de enorme aprendizado para o futuro.

Sobre ser surpreendido em um novo desafio, acha que isso acontece sempre. Se achasse que não poderia ser surpreendido, a chance de se frustrar seria enorme.

"Tenho sempre que estar aberto à novas experiências e crescimento profissional. Novos desafios nos fazem buscar uma melhor capacitação e exigem mais de nosso esforço para vencer."

Diz que é uma pessoa realizada trabalhando no futebol e que ainda sabe que tem muito para concretizar. Não se refere apenas a êxitos esportivos, mas, principalmente, a melhorar a forma como o futebol é gerido no Brasil.

"Há muito por fazer. Hoje, trabalhando nos Estados Unidos e presenciando a organização do esporte aqui, vejo como podemos evoluir no Brasil. Espero um dia voltar e ajudar a melhorar a estrutura e gestão do esporte no país, especialmente no futebol."

Sobre os profissionais com quem teve a oportunidade de trabalhar e conhecer nos últimos 20 anos, revela que conheceu muitos bons profissionais. Cita como um deles o Sergio Dimas, que, na época, contratou para ser supervisor de futebol no Santos e hoje é o gerente de futebol no Ceará, fazendo um trabalho brilhante junto com Jorge Macedo.

Sobre profissional ou estatutário, para mencionar alguém com quem nunca trabalhou, conta que admira o trabalho do Mauricio Galiotte, presidente do Palmeiras, e a forma como vem conduzindo o clube.

Para ele, a evolução tecnológica, nos últimos 20 anos, impactou muito o futebol, principalmente por meio das ferramentas de análise de desempenho, controle de treinos, GPS. Diz que elas evoluíram demais e auxiliam na obtenção de um melhor entendimento da carga de trabalho dos atletas. Além disso, menciona as ferramentas para análise de jogadores, o *scouting*. Explica que as mesmas evoluíram a ponto de permitir que se possa assistir aos jogos em qualquer lugar do planeta, horas após o termino da partida, independentemente do local onde ela tenha sido disputada.

Faz uso específico do Wyscout, Instat, Kin Analytics, Hudl, entre outras.

Para ele, as mudanças mais sensíveis dentro de campo são relacionadas a rapidez e força física.

"O espaço e o tempo que se tinha antes para jogar diminuíram significativamente. Há estudos comprovando isso."

Considera como as partidas de futebol mais marcantes pelos clubes em que trabalhou, o segundo jogo da final da Libertadores entre Grêmio e Lanús e a final do Mundial de Clubes entre Grêmio e Real Madrid.

"No Sport, a vitória contra o Santa Cruz por 5 a 3, pelo Brasileiro, de virada, foi marcante para deixarmos o rival para traz e subirmos na tabela. No Santos,

lembro de uma vitória contra o Corinthians por 5 a 1 na Vila em 2014. Uma partida impecável do time."

Tem a opinião de que a formação acadêmica é importante para sobreviver e se destacar no futebol. Afirma que, com certeza, estudar e manter-se atualizado, em qualquer que seja sua área de atuação, é fundamental.

Para se manter atualizado, diz que faz cursos sempre que pode e busca ter tempo e criar oportunidades para isso. Também cuida da saúde física e mental, pois compreende que corpo, mente e emoções são partes de um todo e nada deve ser perdido de vista.

"Fiz recentemente um curso de liderança online pela Universidade de Oxford, da Inglaterra. Falo quatro idiomas fluente e gostaria de aprender francês melhor. Pratico futebol e corrida."

Cita como um modelo de gestão no exterior que gostaria de aplicar no Brasil, o do Borussia Dortmund, que considera um exemplo de sucesso na Alemanha. Gosta muito da forma como o Monchi conduz o Sevilla e do trabalho de formação de jogadores do Villareal.

Está atualmente seguindo carreira no exterior. Conta que sempre quis essa oportunidade de ser executivo de futebol fora do país e hoje vive essa oportunidade. Vê como um enorme desafio e crescimento profissional, além da qualidade de vida para sua família.

Para ele, o maior desafio fora de campo no Brasil é tentar manter-se alheio às cobranças de imprensa e torcida, entender que dificilmente o trabalho será elogiado, mas certamente será criticado, especialmente quando o resultado em campo não for favorável. Além disso, diz ser necessário que o gestor se mantenha alheio à política do clube.

"O executivo de futebol não pode ter partido no clube, tem que manter seu foco no trabalho, independentemente de quem esteja conduzindo o clube."

Para as pessoas querendo ingressar na gestão do futebol, principalmente jovens, aconselha que estudem, conheçam pessoas que trabalham no meio esportivo, participem de seminários, cursos, congressos e enriqueçam seus contatos. O relacionamento pessoal é fundamental para conseguir ingressar na gestão do futebol.

Com base em sua experiência, costuma aconselhar jogadores profissionais a cuidarem do corpo, muito treino, dedicação a profissão, positividade e olhar como exemplos outros atletas de sucesso. Recentemente leu um livro sobre o Cristiano Ronaldo. Esse é o caso perfeito do que se deve fazer para atingir o topo da profissão.

Para um jovem que está começando na base, fala com atenção e respeito aos seus sonhos.

"Acredite nos seus sonhos, pense e mire alto, seja determinado, cuide da sua saúde e do seu corpo e, procure se inspirar em grandes atletas de sucesso. Veja todo o sacrifício que fizeram para chegar onde estão."

Sobre os últimos 20 anos de muitas negociações e experiências profissionais com a Think Ball e Marcelo Robalinho, diz que certamente foram muitas conversas com o Marcelo e o staff da Think Ball durante esse período. Lembra de negociações para concretizar novos contratos para o Lucas Crispim e o Ewerthon Pascoa, por exemplo. Interesse em outros atletas cujas negociações acabaram não se concretizando.

"De toda forma, os negócios com a Think Ball sempre foram conduzidos com muito profissionalismo, com a empresa atuando de forma a preservar e defender os interesses de seus representados, mas também entendendo as necessidades dos clubes e buscando ajudar para que houvesse um bom termo para todos os envolvidos."

Para quem busca mirar-se num exemplo de sucesso não só no Brasil, mas com larga experiência nos modelos de gestão no exterior, este é um profissional que fica como inspiração e modelo de sucesso, que certamente ainda irá acrescentar muito ao futebol do Brasil!

6

É por paixão pura, não tem outro motivo.

ANDRÉS SANCHEZ

Andrés nasceu em 24/12/1963, na cidade de Limeira, interior de São Paulo. Passou por dois mandatos como Presidente do Corinthians, tendo sido o primeiro em outubro de 2007 a dezembro de 2011 e o segundo, de fevereiro de 2018 até os dias atuais.

Ele é divorciado e pai de um casal de filhos. E apesar de não possuir formação acadêmica, mostra claramente que competência e talento nem sempre precisam de certificado.

"Frequento o Corinthians como sócio desde os 5 anos de idade, então você vai crescendo e vai se metendo a tentar ajudar o clube na política. Virei monitor do futebol associado, depois diretor da base, diretor do futebol amador, vice-presidente de esportes terrestres, vice-presidente de futebol e virei presidente do clube por uma coisa que você acha que pode melhorar. Você se mete na política, e quando você vê, não tem volta. Fiquei sócio em 1969 e entrei na política do clube em 1989."

No início da carreira, seu primeiro cargo foi como monitor do futebol associado, CIFAC – Campeonato Interno de Futebol Associativo do Corinthians, que é o futebol dos filhos dos sócios que disputam o campeonato interno. Depois de dois anos, foi diretor da base, de garotos de 8 a 12 anos, em meados de 1996 e 1997. Depois, foi diretor do futebol amador. No ano de 2000, tornou-se vice-presidente de esportes terrestres. Em 2004, atuou como diretor-adjunto de futebol. Já no ano de 2005, tornou-se vice-presidente e, em 2007, foi eleito presidente.

"É por paixão pura, não tem outro motivo."

Dos trabalhos que o marcaram nos últimos 20 anos, considera uma das experiências mais positivas ter trazido Ronaldo "Fenômeno" e construir o centro de treinamento, que até 2009, o Corinthians não possuía.

Considera que ter sido presidente não foi uma experiência muito acertada, devido aos excessos das "dores de cabeça", da "encheção de saco" e da cobrança. Sua percepção foi de que tudo o que fazia, fosse bom ou ruim, era considerado errado.

Não acredita e nem espera ser surpreendido em novos desafios no futebol.

Depois de uma vida inteira pautada no esporte e com todo tipo de desafio superado, não vê mais qualquer necessidade de superação nesse sentido.

Sente que seu ciclo já se tornou completo.

> *"Eu já ganhei, já perdi e meu ciclo acabou. Saio definitivamente da vida política do Corinthians após o meu mandato, porque, como eu disse, meu ciclo acabou. São oito anos como presidente, em duas gestões, acho que é o suficiente de sofrimento."*

Não carrega mais nenhum sonho relacionado ao futebol. Acredita que, infelizmente, o que vale no Brasil é ganhar título.

Tem em alta consideração por todos os colegas com quem trabalhou. Foi responsável pela formação de dois presidentes: Mário Gobbi e Roberto de Andrade. Crê que Duílio é a pessoa que mais tem jeito, traquejo e molejo de trabalhar com futebol, por ser uma pessoa com história dentro do Corinthians, já que frequentou o clube desde garoto e conhece todos os cantos do lugar como a palma da mão, aquele tipo de pessoa que sempre mexeu com futebol, algo que vem de família. É da opinião de que essas características são de extrema importância para um dirigente de clube.

Como profissional, admira e respeita especialmente Juvenal Juvêncio. Reconhece que ele fez belas gestões no São Paulo e sempre foi muito acessível e disponível a sua pessoa. Ironicamente, eles conversavam muito e Andrés acredita que ele foi um dos melhores dirigentes do futebol brasileiro. Publicamente discutiam, mas, internamente, se falavam toda semana.

Infelizmente, a fase em que Juvenal defendia o São Paulo e Andrés o Corinthians foi palco de muitos debates públicos, porque a imprensa especulava demais, falava-se muito do assunto, o que trouxe um desgaste publicamente, porém, nos bastidores, havia jantares e conversas toda semana. Eles compartilhavam muito tanto as coisas boas quanto as ruins.

Acredita que a entrada da fisiologia no futebol proporcionou uma grande transformação nas duas últimas décadas. Apesar de, num primeiro momento, ter havido um choque com a preparação física e entre os próprios médicos, hoje é algo que está bem integrado e crê ser uma das áreas mais importantes dentro do futebol juntamente com a fisioterapia.

Sobre o uso das tecnologias no futebol, revela algo bem interessante.

> *"De uns anos pra cá, as plataformas de tecnologia cresceram e amadureceram consideravelmente e a cada dia surgem coisas ainda mais novas. O Corinthians está atento a tudo isso. O clube tem plataforma comprada que às vezes nem usa porque um determinado treinador não quer, ou aquele outro treinador não quis e por aí vai. Mas está disponível a todos os profissionais do clube e a maioria das plataformas é muito usada. Hoje isso é muito importante no futebol."*

Em sua opinião, o que mudou o jogo dentro de campo nos últimos tempos é o fato de as pessoas estarem muito mais preocupadas em não perder do que em ganhar.

"O futebol ficou muito copiado ao europeu, como a Itália e a Alemanha, tático além da conta e com pouca criatividade. Acho que nos últimos anos perdemos bastante do nosso DNA. Ninguém quer perder. E para não perder, dizem que a melhor defesa é, primeiro, não tomar gol, que então você não perde. Antigamente se pensava o contrário: fazer gol para ganhar."

Dentre os clubes em que atuou, a partida mais emocionante que assistiu foi como presidente, na virada do Corinthians contra o Goiás, no Morumbi, pela Copa do Brasil. Já o jogo mais importante, considera o do Corinthians na Libertadores em 2012. Contra o Goiás, perderam de 3 a 1 e depois conseguiram uma bela virada em São Paulo. Contra o Boca Juniors, explica que a Libertadores era um campeonato que o Corinthians não tinha, e que acabou vencendo do time mais falado da Libertadores, o Boca Juniors. Acha que isso marcou todo corintiano.

É da opinião de que importa tanto ter formação acadêmica quanto a prática.

"Eu só tenho a prática, e a prática é tão importante quanto a acadêmica, mas se juntar os dois é o elo perfeito."

Participa constantemente de reuniões e debates com outros presidentes. No momento, não faz nenhum curso. Acredita que todos os clubes têm a sua peculiaridade, cada um com seu jeito, sua cultura e a troca de informações é muito importante. Conta que é como sempre experenciou com o Juvenal: trocavam ideias, problemas e soluções do Corinthians para o São Paulo e vice-versa.

O compartilhar ao invés do competir em todas as áreas o tempo todo. Não é algo que se ensina numa formação, mas na vida. A sabedoria advinda da inteligência e desenvolvimento emocional para a prática. Acha que quanto mais debate, quanto mais um souber do problema do outro, mais fácil fica no clube de cada um. Tem boa relação com todos os clubes, mas o Juvenal era para Andrés alguém que respeitava muito e sempre admirou no futebol.

Sobre modelos de gestão do exterior a serem aplicados no Brasil, afirma que são culturas e momentos diferentes. No exterior, muitos clubes têm proprietário, o que é muito diferente de um clube social.

"Comparando a um clube social, eu acho que o Real Madrid é um clube para ser copiado em muitas coisas. Tem aspectos bons e ruins como em todos os lugares, mas, no geral, eu acho que o Bayern de Munique é o melhor exemplo a ser seguido. O Bayern é um grande clube europeu e não faz contratações faraônicas como outros fazem, então acho que isso é um grande diferencial, pois joga muito

com a sua base e traz jogadores poucos conhecidos para se tornarem conhecidos no Bayern. E o Real Madrid porque é um time fortíssimo e investe bastante, diferente do Bayern de Munique, procura as grandes promessas do exterior e faz grandes contratações de impacto."

Fala que o maior desafio fora de campo é conseguir separar a paixão da razão, que, segundo ele, é quase impossível. O ser humano comete erros pela paixão e, muitas vezes acerta quando põe a razão à frente. Diz que é difícil, que gostaria de separar a paixão da razão todos os dias, mas não acha fácil. E explica que, em um momento de pressão, é o que faz o grande diferencial em um dirigente.

Para jovens que querem ingressar na carreira do futebol, aconselha que trabalhem em um clube pelo qual não torcem.

"Se é para ser profissional, e não gestor estatutário, é trabalhar num time que você não tenha paixão. Se for estatutário, obviamente você vai trabalhar no seu time de paixão. A paixão, indiretamente, afeta bastante."

Sugere que o jogador de futebol profissional se associe com menos gente possível e que escolha uma pessoa de bem para dirigir sua carreira e vida pessoal. É da opinião que muitas pessoas veem a vida de um jogador como moleza, mas afirma que se eles não têm tempo para nada, então tem que ter uma boa assessoria trabalhando em conjunto. Diz, ainda, que uma boa gestão para o jogador é fazer o mesmo se conscientizar de que ele depende do corpo para ter um bom resultado e, infelizmente, nem todo jovem tem esta percepção de forma clara.

"Então, se a pessoa que assessora o atleta conseguir colocar na cabeça dele que o mesmo depende do seu corpo para a carreira, já é um grande passo. É essencial uma gestão profissional, por isso que digo que tem que se associar com uma pessoa do bem, seja da família ou não, mas uma pessoa que procure o melhor, cada um vai ter que achar o seu. Em todas as profissões existem profissionais bons e profissionais ruins."

Para um jovem que está começando na base, lembra que este não pode ficar responsável por outros, como costuma acontecer com frequência, atrapalhando o início de carreira e que, por isso mesmo, pode acabar nem decolando. Reforça que o atleta de base não pode ser a salvação da família. Afirma que o jogador tem que estudar o máximo de tempo possível para, assim, virar um grande atleta.

Conta que Marcelo Robalinho sempre foi um grande profissional com o Corinthians, respeitado e respeitador, e esclarece que respeito e confiança no meio do futebol fazem muita diferença.

"É um cara honesto, sincero e procura ajudar o atleta dele e também o clube. O atleta não é ninguém sem o clube e o clube não é ninguém sem o atleta, e a

grande vantagem do empresário bom, como o Robalinho, é saber dividir essas duas coisas."

Andrés é um grande exemplo de profissional de sucesso e que muito se sobressai independente da formação acadêmica, provando que algumas características e esforços podem compensar aspectos não adquiridos. Embora ele defina a paixão como um grande desafio fora de campo, foi a sua paixão que o levou ao topo no futebol. Dos cinco anos de idade até os dias de hoje.

7

Eu sou muito realizado. Tudo que eu tinha que ganhar no futebol, eu ganhei.

ANTÔNIO LOPES

Antônio Lopes não apenas é casado, como também afirma ser muito bem casado. Nascido em 12 de junho de 1941, está, atualmente, com 79 anos. Graduado em Educação Física, é professor na mesma área, técnico de futebol formado pela Escola Nacional de Educação Física da Universidade do Brasil, no Rio de Janeiro. Também se formou em Direito e cursou Administração de Empresas por dois anos. Foi motivado a entrar na gestão do futebol trabalhando como treinador, função que exerceu até cerca dos setenta anos.

"Eu entendi que, em decorrência da minha idade, apesar de eu estar muito bem de saúde, seria interessante trabalhar na gestão, parar um pouquinho como treinador e atuar como gestor de futebol. Isso que me motivou de forma geral. Eu me sinto muito bem fisicamente e mentalmente, então eu pensei: vou continuar no futebol, mas vou continuar em outra área, como gestor, que é uma função mais tranquila, mas que me dá a possibilidade de transmitir a minha experiência, experiência que adquiri nesses mais de quarenta anos dentro do futebol. Poder passar para os treinadores, com os quais eu fosse trabalhar, essa experiência. Foi isso que me levou a exercer essa função na gestão do futebol."

De um currículo esportivo invejável, passou por inúmeros clubes no Brasil e no exterior, com muitos títulos e histórias para contar.

Seu início de carreira foi no Vasco da Gama, a partir de 1974, como auxiliar de preparação física e auxiliar técnico. Trabalhou no Vasco de 1974 a 1980. Em 1980, foi para o Olaria como técnico principal e, depois, deu sequência na carreira como treinador de futebol.

No Rio de Janeiro, trabalhou nos seguintes clubes: América, Vasco, Flamengo e Fluminense. Em São Paulo: no Corinthians, na Portuguesa e no Santos. No Paraná, atuou nos três grandes clubes: Paraná Clube, Coritiba e Athletico. Em Santa Catarina: no Figueirense, como gestor, e no Avaí. No Rio Grande do Sul, trabalhou nos dois grandes: Internacional e Grêmio. Também trabalhou no Nordeste: no Sport Club do Recife e Vitória da Bahia. No exterior, trabalhou no Belenenses, em Portugal; na seleção do Kuwait, no mundo árabe; nos Emirados Árabes, no Al Wasl; e na Arábia Saudita, no Al Hilal. Na América do Sul, trabalhou no Cerro Porteño, do Paraguai.

No Rio de Janeiro, ganhou várias Taças Guanabara e Taças Rio, bem como Campeonatos Estaduais. No Vasco, venceu a Libertadores e o Campeonato Brasileiro, título que também conquistou pelo. Levou o Athletico Paranaense a uma final de Libertadores. Pela Seleção Brasileira, foi pentacampeão do mundo como coordenador técnico. Foram muito títulos que alcançou em sua vida como um bem-sucedido profissional do futebol.

Antônio Lopes também foi campeão pelo Sport (Pernambucano), Internacional (Copa do Brasil e Gaúcho), Paraná (Paranaense) e Coritiba (Paranaense).

Nos últimos 20 anos, afirma que se sentiu marcado de forma muito significativa como treinador de futebol. Acredita que sua carreira, nesse sentido, foi mais positiva em razão dos vários títulos conquistados.

"Acho que todos os títulos que existem no futebol, eu conquistei como treinador, então, foi todo um trabalho muito positivo. Acho que, de forma negativa, foram alguns títulos que disputei e não consegui, o vice-campeonato no Mundial de Clubes. Acho que esse eu coloco de forma negativa, por não ter conquistado um título que faltava."

Sobre novos desafios, conta que tem recebido convites para voltar a ser treinador, mas tem negado. Não sabe se esse assédio irá continuar e se ele irá aceitar, mas, até o momento, afirma que não pretende voltar a ser treinador. Na área da gestão, acredita que pode ser surpreendido. pensa que o seu trabalho como gestor foi positivo. O primeiro, realizado no Athletico do Paraná, resultou no vice-campeonato da Copa do Brasil. No Botafogo, ressalta que também foi muito positivo. Relata que assumiu o Botafogo num período ruim, na Série B, com poucos jogadores. Em três anos, com o apoio do presidente da época, o Carlos Eduardo Pereira, fizeram um trabalho muito bom. Recuperaram o Botafogo, que estava na Série B, e conseguiram colocá-lo na Série A e na Libertadores. Foram bem nas competições estaduais e na Copa do Brasil. Diz que seu trabalho mais recente, no Vasco, também foi bom.

Conta que se voltarem a convidá-lo para trabalhar como coordenador ou gestor de futebol, talvez possa aceitar. Neste ano de 2020, não, pois deseja descansar, acompanhar o futebol do Brasil, da América do Sul e da Europa. Mas, a partir de janeiro, se aparecer alguma oportunidade, irá estudar a proposta.

Sobre estar realizado na carreira como profissional do esporte, é modesto e realista ao mesmo tempo. E, como um bom profissional, mantém-se aberto para novos desafios e oportunidades, independentemente de já ter realizado tanto.

"Eu sou muito realizado. Tudo que eu tinha que ganhar no futebol, eu ganhei. Acho que, exceto o Zagallo, não deve ter um treinador que ganhou tantos títulos como eu ganhei no futebol. Meu currículo é bem 'recheado', acho que não existe treinador que tenha um currículo como o meu. Talvez o Zagallo, esse aí eu tiro o chapéu. Eu sou o treinador do Vasco da Gama com o maior número de títulos.

> *Era o Flavio Costa, mas com a minha última conquista, de 2003, do Estadual, pelas informações que eu tenho, passei na frente do Flavio Costa e sou considerado o treinador com mais títulos no Vasco da Gama."*

Sobre profissionais com quem trabalhou nos últimos 20 anos e que poderiam seguir carreira como gestor, cita o treinador Junior Lopes, que considera bastante competente. Diz que ele é um treinador que tem atuado mais como auxiliar permanente nos times que tem trabalhado, por isso pensa que ele está bem preparado para exercer bem a carreira de treinador.

Como gestor, conta que Vagner Mancini, agora treinador do Corinthians, é um profissional com quem trabalhou muitas vezes, viu de perto a sua capacidade e acha que, se ele migrar para a função, pode tornar-se um grande gestor de futebol. Além desses nomes, destaca também Eurico Miranda (ex-presidente do Vasco), esse em primeiro plano. Lopes conta que ele o ajudou muito nas grandes conquistas que o Vasco teve sob a sua direção. Acredita que muito se deve ao trabalho que Eurico desempenhou junto a ele. Reforça que se sentiu muito apoiado com suas colocações e os meios de trabalho que sempre ofereceu.

> *"Ele, eu coloco em primeiro lugar como um grande presidente. Tive outros presidentes que trabalharam muito bem comigo, como o Carlos Eduardo Pereira, que trabalhei no Botafogo quando fui gestor. Ele ainda está lá no Botafogo, é um dos vice-presidentes do clube hoje. Eu o destaco, foi um presidente que também me ajudou muito, um presidente muito inteligente, voltado muito para o futebol. Ele também eu destaco bastante."*

Sobre outros profissionais, menciona um com quem não trabalhou e que gostaria de ter trabalhado: Zagallo, por tudo o que ele representou no futebol e por sua capacidade. Considera o grande nome do futebol brasileiro como o maior conquistador de títulos, tanto como jogador quanto como treinador. Pensa que trabalhar com ele iria beneficiá-lo muito por conta de seu profissionalismo e da experiência.

Sobre a evolução tecnológica dos últimos 20 anos, acredita que o futebol, assim como a vida, beneficiou-se muito com a tecnologia. Relata que o futebol melhorou bastante, pois, segundo ele, a tecnologia de hoje fornece ferramentas que facilitam o trabalho dos profissionais na realização de suas funções. Para Antônio Lopes, a tecnologia tem sido fundamental para a evolução do futebol, seja no aspecto tático, técnico ou físico. Diz utilizar algumas ferramentas, sempre com o intuito de melhorar o seu trabalho e o de todos os profissionais envolvidos com o futebol a sua volta.

A ferramenta que mais usa é a que está voltada a preparação de uma equipe para um determinado jogo. Lamenta que, antes, era bem mais difícil preparar uma preleção para um jogo da equipe. Narra que tudo devia estar manuscrito. Lembra-se muito bem quando escrevia tudo em um quadro e fica feliz por hoje, com a tecnologia, haver uma variedade de recursos. Conta que agora se faz tudo com a maior facilidade e para um melhor entendimento para os jogadores.

Sobre as mudanças dentro de campo dos últimos 20 anos, fala que o que mais mudou foi o trabalho de posse de bola. Para ele, os clubes agora dão uma importância muito grande ao trabalho de posse de bola, já que os treinamentos são bem ligados a esse aspecto. Destaca que a maioria dos treinamentos das equipes são em campo reduzido para trabalhar justamente essa característica.

"Os clubes hoje fazem muito esse trabalho, virou uma moda no futebol mundial todo. Aquela posse de bola que começa lá atrás, com o goleiro, que também participa do início das jogadas, os zagueiros vão iniciando a transição defesa-ataque com passes e aproximações, a manutenção da posse de bola. Todo mundo está usando agora, o que mostra que houve uma grande modificação, mas tem muitas equipes trabalhando isso errado, trabalhando só essa posse de bola. Essa posse de bola e essa transição têm que ser feitas com o objetivo de chegar lá na frente com condições de criar situações de gol e, logicamente, convertê-las em gol. Tem muitas equipes que se preocupam somente em ter a posse de bola, mas uma posse de bola ineficiente, que não adianta nada, que acaba não chegando lá na frente com o objetivo de fazer o gol, que é a parte fundamental de uma partida de futebol. A parte física teve uma evolução muito grande, a preparação física, hoje em dia, é fundamental para que os treinadores possam colocar a sua maneira de jogar, o seu sistema de jogo. Atualmente, a equipe que não tem uma boa condição física, não consegue ter essa posse de bola, que é tão importante no futebol para fazer uma transição rápida, um contra-ataque em velocidade. A parte física também é importante para ajudar na parte técnica e tática do jogo."

Sobre a partida de futebol mais marcante pelos clubes em que trabalhou e o jogo mais marcante dos últimos 20 anos, cita a final da Copa do Mundo de 2002, quando trabalhou como coordenador. Já como treinador, fala que foi a final da Libertadores pelo Vasco, contra o Barcelona de Guayaquil. Diz que a lembrança mais viva da conquista da Libertadores foram os gols que o Vasco fez no campo do adversário, no campo do Barcelona: os gols de Donizete e Luizão, quando ganharam por 2 a 1.

Confessa que aquele jogo o marcou bastante, tendo ficado para sempre em sua retina e em sua memória. Afirma que, na conquista do Penta, o jogo decisivo o marcou muito com os gols do Ronaldo. Reforça que o time e a seleção eram espetaculares, mas os gols do Ronaldo o marcaram para sempre.

Sobre a importância da formação acadêmica para sobreviver e se destacar no futebol, tem a opinião de que é fundamental, haja visto que muitos dos treinadores que surgem foram jogadores de futebol e possuem, também, uma formação acadêmica. Essa condição proporciona a eles uma vantagem tremenda.

"Eu me lembro muito bem de quando eu estava no Olaria e o Vanderlei Luxemburgo chegou no clube levado pelo Ademar Braga, que era o meu preparador físico, para fazer estágio comigo e uma das coisas que eu falei para ele foi isso: 'Vanderlei, você é ex-jogador de futebol, jogou em grandes clubes, como Flamengo, Internacional e Botafogo, agora é importante você estudar, fazer Educação Física, estudar para ser técnico de futebol pela Universidade do Brasil, aí você vai levar uma vantagem tremenda. Sendo ex-jogador e tendo uma formação acadêmica, você vai ser um baita treinador'. Isso acabou acontecendo. Ele entrou para uma faculdade de Educação Física e ficou comigo ali no Olaria. Depois, eu fui para o América-RJ e levei ele, fui para o Vasco e levei também, aí, no Vasco, ele já estava como auxiliar técnico, com contrato firmado, o que não aconteceu no Olaria porque ele era estagiário e não ganhava nada. Então, o Vanderlei acabou se tornando um dos melhores treinadores do futebol brasileiro. É um cara que eu também respeito muito, para mim ele continua sendo um dos melhores treinadores do futebol brasileiro."

Manter-se atualizado é algo natural para Antônio Lopes. Ele fala inglês, mas brinca que "arranha bem". Reforça que foi o que lhe deu a oportunidade de trabalhar no mundo árabe. Ele trabalhou na seleção do Kuwait, nos Emirados Árabes e na Arábia Saudita. Nesse período, a comunicação sempre foi em inglês, já que para se comunicar em árabe é bem mais difícil. Também fez cursos, deu aulas e palestras. É formado pela CBF no curso de gestão, que concluiu com êxito. Ganhou, junto com outros treinadores como Parreira, Lazaroni e Evaristo, a licença PRO, que todos os treinadores devem possuir para poderem atuar tanto no Brasil como no exterior, e que só é obtida mediante a conclusão de um curso oferecido pela CBF. Na verdade, foi algo concedido para todos os treinadores com mais de sessenta anos e que, além de terem trabalhado em clubes, serviram, também, a Seleção Brasileira.

Sobre modelos de gestão no exterior, conta que não pensa em aplica-los no Brasil. Acha que o diferencial na gestão do futebol dos clubes europeus é o aspecto financeiro, no qual levam grande vantagem em relação aos clubes brasileiros, citando Inglaterra e Espanha como exemplos. Não vê diferença nenhuma no trabalho realizado lá comparado ao daqui. Narra que, no exterior, o gestor trabalha intimamente ligado ao treinador e à comissão técnica, mas tem gestor de futebol que trabalha de outra maneira, funcionando mais como Diretor Executivo e cita que como o Vasco tem o André Mazzuco, outros clubes têm também, como o próprio Rodrigo Caetano. Relata que esses trabalham mais na execução, como Diretor Executivo, enquanto outros trabalham junto à comissão técnica, enquanto, aos jogadores e participam de tudo. São modos de gestão diferentes. Completa, dizendo que, na Europa, a figura do manager é diferenciada, eles trabalham nesse sentido: junto à comissão e junto ao treinador, principalmente na Inglaterra.

"Aqui no Brasil, eu procuro trabalhar dessa forma. Quando eu trabalhei como gestor, foi dessa forma: junto aos treinadores, dando a minha opinião acerca do futebol, do time, acerca disso, acerca daquilo, coisas que diretores executivos não fazem, porque nunca foram treinadores, nunca trabalharam em cima mesmo. Então, logicamente, eles têm que ficar só na função de Executivo, naquela função de contratar jogadores, não é um trabalho, também, que o coordenador técnico faz. Há uma confusão muito grande entre Gestor e Coordenador Técnico. O Coordenador Técnico, no meu entendimento, tem que trabalhar em conjunto com toda a comissão técnica. Por isso é que, o Coordenador Técnico, formado em Educação Física, formado como Treinador de Futebol, pode exigir do treinador e do preparador físico, pode cobrar o treinador de goleiros e toda a comissão. E tem muito Diretor Executivo que não pode fazer isso, porque nunca foi treinador, nunca foi preparador físico. Tem muitos que nunca foram técnicos, nunca foram nada e estão aí na função de Diretor Executivo."

Sobre a possibilidade de seguir carreira no exterior, demonstra, claramente, que dependeria da proposta e do convite que recebesse, pois, logicamente, iria estudar uma boa proposta. Diz que times de países como Inglaterra, Espanha e Portugal, seriam interessantes.

Em relação aos desafios fora de campo, afirma que algo sempre presente em qualquer função no futebol é a pressão. Destaca que é uma característica muito forte no futebol. Então, segundo ele, sempre vão existir desafios quando se trabalha com futebol. Sempre haverá uma grande exigência por conquista de títulos, vitórias e mais vitórias. Tem que se estar sempre vencendo, se começar a perder, logo começam as cobranças, seguidas das demissões.

"Isso aí a gente vai sempre enfrentar. E a política dos clubes também. É sempre um desafio. No futebol brasileiro, a política está mandando muito. Você percebe que a política e o futebol não deveriam nunca se misturar, mas no Brasil se misturam muito. Resultados e conquistas de título, as vezes só o bom trabalho não adianta, você tem que ter conquista de título. De nada adianta um bom trabalho se você não ganhar um título."

Lopes gosta de ajudar os que se interessam pelo esporte e diz que, para um jogador de base, o conselho que dá é que se prepararem adequadamente. Diz que devem ter conhecimento da parte técnica, tática e física do futebol, devem entender da parte administrativa, acha que eles têm que se preparar em todos os sentidos. Devem fazer cursos para treinador, preparação física, uma vez que o gestor tem que ter conhecimentos para poder fazer um bom trabalho e alcançar o sucesso.

Já para um jogador profissional, aconselha que se cuide, treine bastante e leve uma vida de atleta. Acha que o melhor conselho é sempre esse. Para os jogadores que estão começando, que são egressos das categorias de base, considera fundamental prepará-los, também, para a vida após o encerramento da carreira como jogador.

"É um papo que o gestor tem que ter. Eu, como treinador, também tinha esse papo. Hoje, o gestor tem que ter esse trabalho de orientar os jogadores, principalmente a garotada, nesse sentido, no sentido da vida que ele tem que levar. O garoto tem que estudar também. Tem que cobrar do garoto o estudo, para eles já começarem a se preparar para uma segunda função na vida quando pararem de jogar futebol. Ele, quando parar, tem que estar pronto para abraçar uma outra profissão. É isso que eu falo para o jogador."

Para aconselhar os jovens que ainda estão ingressando no futebol, sugere levar a vida a sério e estudar. Diz que um garoto, na base, já tem que ter essa noção, pois os clubes preparam-se em relação a isso. Lembra, por exemplo, que o Vasco da Gama tem colégio dentro de São Januário, eles se preocupam com isso. Lamenta que outros clubes não tenham colégio, mas é da opinião de que se deve cobrar a garotada em relação a isso. É preciso que o inspetor dos garotos olhe para tudo isso, para as notas, que tenha esse cuidado. Segundo ele, felizmente, muitos clubes já fazem esse trabalho.

Nos últimos 20 anos, conta sobre a forte relação com a Think Ball e Marcelo Robalinho, com quem criou um grande relacionamento.

"A gente sempre se comunicou. Sempre tivemos um bom relacionamento, eu e o Robalinho. Eu acho que ele é um cara dedicado à profissão dele, é um cara que procura ter um bom relacionamento com os treinadores, com o pessoal do futebol, com os diretores. Ele sabe se relacionar bem. E é de fácil trato, ele sempre te trata muito bem, é muito bom para isso, para conversar. Com os jogadores que ele trabalha, ele sempre procura ajudar, também, o clube ao qual aquele jogador pertence, porque tem muitos empresários que dificultam o trabalho do clube, tem muito empresário que olha só o lado do jogador e não olha o lado do clube. O Robalinho é o tipo de empresário que olha os dois lados, ele ajuda muito os clubes na condução acertada que o empresário tem que ter com a carreira do jogador que ele representa."

Antônio Lopes passou toda a sua vida voltada para o futebol dentro e fora do Brasil. Um exemplo de que carreira se faz com dedicação, estudo, sonhos e muita disciplina.

Para os jovens que precisam de inspiração, motivação e um exemplo a seguir, Lopes certamente é uma referência.

8

No início, não tive dificuldades além daquelas comuns, avaliadas pelos resultados, pois já trabalhava no clube em outras funções. Porém, o contato com jogadores e comissão técnica foi um ponto mais difícil. Conhecia como eram, mas foi difícil sustentar minhas teses pelo fato de não ter sido atleta profissional.

CARLOS EIHI BATISTA

Nascido em Flórida, Paraná, Carlos Eiki é casado e vive a sua vida pessoal e profissional pautadas dentro do esporte.

Foi motivado a entrar na gestão do mercado de futebol quando ainda trabalhava na secretaria do Olímpia Futebol Clube, como auxiliar de escritório no departamento de Marketing. Ele não tinha técnicas o bastante para se tornar um atleta profissional e o clube, com dificuldades financeiras, o promoveu a supervisor de futebol do time profissional. Com isso, começou a atuar colaborando com vários serviços de supervisor.

Abraçou a ideia, pois compreendeu que tinha domínio nesta área e, ali, a concorrência seria menor, enquanto da parte técnica muita gente já entendia do assunto. Com domínio dos regulamentos, regras do futebol e legislação, conhecia bem o mercado, e tinha bons contatos na FPF (Federação Paulista de Futebol), CBF (Confederação Brasileira de Futebol), o que colaborou muito para seu trabalho, conhecimento, aperfeiçoamento e desenvolvimento como profissional.

Sua percepção e humildade em seguir na área administrativa o levavam ao convívio com profissionais que não o reconheciam como um especialista simplesmente por ele não ter sido jogador profissional, mas sua persistência e constantes esforços no estudo e desenvolvimento pessoal o fizeram superar este ponto, que depois de um tempo ficou para trás.

"No início, não tive dificuldades além daquelas comuns, avaliadas pelos resultados, pois já trabalhava no clube em outras funções. Porém, o contato com jogadores e comissão técnica foi um ponto mais difícil. Conhecia como eram, mas foi difícil sustentar minhas teses pelo fato de não ter sido atleta profissional."

Estudou muito, pois sabia que teria que dominar tudo que fosse teoria, para suprir o fato de não ter sido jogador. Somente assim poderia alcançar seu objetivo, que era trabalhar em clubes com grandes estruturas e marcas. Foi consciente em relação às exigências do meio e do mercado.

Dos trabalhos realizados nos últimos 20 anos, o que mais o marcou foram as experiências no São Caetano Futebol Ltda, tanto de forma positiva quanto de forma negativa. A parte positiva são inúmeras e a negativa foi o fato de não ter conseguido conquistar títulos importantes do futebol brasileiro e sul americano.

Acredita que ainda pode ser surpreendido em um novo desafio e se sente preparado para este momento.

"Sorte do clube que me der esta oportunidade, pois depois da passagem pelo Avispa Fukuoka como diretor chefe, aprendi muito com os japoneses, cresci em todos os aspectos: técnico e administrativo e, certamente, deixarei grandes legados como melhora na performance, no desempenho dos atletas e da comissão técnica, algo jamais visto no Brasil."

Ainda não se diz totalmente realizado no futebol, mas se sente feliz por muitos feitos. Ainda pretende colaborar com o futebol brasileiro, implantando métodos para desenvolver a *performance* de atletas, aplicando responsabilidades para comissão técnica e ajudando a conquistar títulos como mundial de clubes e pela Seleção Brasileira.

Nos últimos 20 anos, destaca alguns profissionais com quem trabalhou.

"Injusto dizer um só! José Carlos Molina, Luís Álvaro Oliveira Ribeiro (em memória), Marcos Fernando Silva, Paulo Roberto Jamelli, Antônio Nei Pandolfo, Crizam Cesar (Zinho)."

Nutre admiração por vários profissionais, mesmo quando estavam do lado adversário, como Cícero Souza, Rodrigo Caetano, Alexandre Mattos, Toninho Cecílio, Júlio Rondinelli, Fernando Leite, André Mazzuco, Mario Silva, Zico e Juninho Antunes. Como dirigente estatutário, destaca Mário Celso Petraglia, e de federações, admira muito o Dr. Reinaldo Carneiro Bastos, da federação Paulista de Futebol (FPF).

Para ele, as tecnologias que mais geraram impacto foram a Tatica 3D, GPS e o AutoCrop.

Além de utilizar ferramentas como Wyscout, Instatic, SofaScore, sempre cria *softwares* específicos para cada clube, planilhas personalizadas, considerando que tudo fica mais prático e adaptado para cada clube e trabalho.

Em sua visão, o que mudou o jogo dentro de campo foi o fato de o futebol ter evoluído muito em todos os sentidos.

"Hoje não é mais um por todos e todos por um! Antigamente era só gritar isto na entrada em campo. As escolas para treinadores, exigindo deles um melhor planejamento tático, jogadores bem distribuídos em campo, bons fundamentos, os fisiologistas, preparadores físicos, melhorando a resistência física, ajudaram em muito o bom nível dos espetáculos de futebol, porém, vejo que a qualidade técnica do atleta é que desequilibra, embeleza e define o placar."

A partida de futebol mais marcante dentre os clubes que trabalhou foi entre São Caetano e Olimpia do Paraguai na final da Libertadores, em 2002. Haviam vencido o jogo de ida, perderam o jogo da volta. Posteriormente, perderam nas cobranças de penalidades.

"Foi um grande jogo, mas os dirigentes diminuíram o prêmio que já havia sido anunciado aos atletas e isso foi um dos motivos da derrota, porém não vi 'corpo mole' em nenhum jogador e creio que a expulsão do treinador pesou também."

Em suas lembranças, o jogo mais marcante ocorreu em 27/07/2011, entre Santos e Flamengo, placar de 4 x 5. Tem, em suas lembranças, como dos jogos mais emocionantes, com beleza plástica, dribles desconcertantes, gol "Puskas" de Neymar.

"O narrador ficou rouco de tanto gritar gol. O lado ruim foi a derrota, mas quem assistiu nunca mais esquecerá, pois a torcida alvinegra praiana bateu palmas ao time após o encerramento."

Na sua visão, a formação acadêmica, com conhecimentos teóricos especializados, é fundamental para sobreviver e se destacar no futebol. Porém, acredita que o dom é o que mais faz diferença para se alcançar o sucesso.

Sempre com foco no desenvolvimento pessoal e profissional constantes, nunca deixou de se atualizar e aprender. Com isso, estuda e assiste a tudo o que se relaciona com futebol e acompanha palestras com sentidos técnico, tático e administrativos.

Um modelo de gestão existente no exterior e que gostaria de aplicar no Brasil é o do Japão, principalmente o que foi instaurado com o início da pandemia, também gostaria de ter a oportunidade de trabalhar nesse país. Acredita que projetos com o Japão se concretizarão em breve.

Sobre os desafios fora do campo, considera que são muitos e cita a convivência e as negociações com os diferentes setores dentro do clube como os maiores.

"Todos acreditam que entendem de futebol e muito. E, às vezes, esquecem que, no clube, eles são profissionais, cada um com uma responsabilidade, e com dever também de ajudar em outros departamentos, gerir pessoas, egos, cargos estatutários. Muitos se aproveitam de seus cargos para querer impor algo sobre os supervisores, gerentes e treinadores. Acham que sabem tudo, querem que ganhem tudo e do jeito deles. E quando não veem os resultados, a culpa recai sobre os profissionais. Sofri muitas pressões durante a carreira, mas, sempre muito bem atualizado e sabendo um pouco de tudo, tirei de letra."

Acredita que os jovens, que sonham trabalhar profissionalmente, devem estudar toda parte teórica e burocrática, começando por clubes menores, em categorias não profissionais, além de buscar diversos cursos como árbitro, treinador, gestão de pessoas e, principalmente, conversar com vários profissionais de sucesso ou mais experientes.

Aconselha que um jogador profissional cuide de seu corpo físico, como se fosse uma máquina, com treinamento regular, repouso e alimentação saudável. Que seja bem simples, que atenda todos que puder, como torcedores e imprensa, respeite os companheiros e comissão técnica, que conheça a fundo a história do clube e que tenha fome de vitórias.

Para um jovem de família, que está começando na base, sugere que jogue para ser feliz e, só depois, decidir se é isto mesmo que quer. Diz que é importante o aperfeiçoamento de seus fundamentos constantemente e a inspiração nos melhores profissionais.

"Família: deixa para um bom empresário gerir a carreira do atleta, não deem orientações táticas ao garoto, não queiram viver do salário dele logo nos primeiros anos, pois muitos pais, irmãos, querem encostar no garoto em formação, isso acaba ficando pesado demais para o jovem aprendiz carregar."

Sobre negociações e experiências profissionais com a Think Ball e Marcelo Robalinho, compartilha uma boa história.

"Devido ao excelente preparo que o Dr. Marcelo Robalinho obteve para entrar no mercado, gestão de carreira, até mesmo pós-carreira e domínio total da legislação desportiva nacional e internacional (FIFA), alguns dirigentes se sentem constrangidos perante o saber dele. Parabéns pela excelência! Todos os atletas que chegavam em minhas mãos vindo da Think Ball, já chegavam prontos para atuar em nível de burocracia, pois vinham todos com as documentações completas para efetuar os registros. Isso era um dos pontos em destaque, também a assistência que davam na instalação na cidade. A morte do Serginho foi onde pude ver seus serviços em nível de excelência, pois deram toda assistência à família do falecido. Que o futebol mundial tenha mais empresas iguais a esta para intermediar e gerir as carreiras de atletas que queiram se preocupar somente em jogar futebol e obter êxito."

Mesmo tendo construído toda a sua carreira profissional, na área do esporte, somente na administração, foi capaz de provar que não é necessário ser um atleta profissional para dominar os assuntos do futebol. Conquistou sucesso e reconhecimento através dos seus conhecimentos como Gestor e verdadeiro apaixonado pelo esporte.

Um exemplo de vida e profissional que se dedicou sempre e continua se dedicando totalmente a Gestão do Futebol com excelência!

9

Trabalho com o que mais amo, o futebol! Então, como não dizer que me sinto realizado? Por outro lado, a ambição sadia nos move cada vez mais para cumes altíssimos e, por isso, aproveito cada segundo dessa viagem, sempre em busca de novas realizações e inovações.

CÍCERO SOUZA

Cícero Souza, nascido em Taquari no Rio Grande do Sul, começou a trabalhar na área de administração ainda na adolescência. Entrou na Escolinha de Futebol Pinheiros Duttra aos quinze anos de idade e lá permaneceu por 17 anos. De auxiliar geral a coordenador geral, sempre esteve presente no mundo do futebol. Hoje, é Presidente da Abex (Associação Brasileira dos Executivos de Futebol) e Gerente da S. E. Palmeiras.

A experiência na Pinheiros Duttra, com todas as atividades e convivências inerentes ao futebol, embasaram seu conhecimento prático para sua atual função.

Solteiro, 46 anos e pai de Antônia, de quatro anos, é formado em Educação Física e já passou por vários clubes, entre eles Bahia, Criciúma, Sport e Grêmio. Toda a sua vida e carreira, desde o início até os tempos atuais, passou e continua passando pela gestão de futebol, na qual atuou com seriedade e foco durante todos esses anos.

Quando chegou ao Grêmio para desempenhar o papel de Supervisor da Categoria Infantil, lhe foi solicitado uma atuação que transitasse tanto na parte técnica quanto na administrativa, o que considerou um *start* de identificação profissional.

Em toda sua carreira e experiência, considera que todo trabalho tem sua peculiaridade.

"A manutenção do Criciúma na Série A no Brasileiro de 2013, com uma das menores folhas de pagamento, e a participação na reestruturação administrativa e técnica do Palmeiras a partir de 2015 são motivos de muito orgulho para mim."

Acredita que ainda pode ser surpreendido em um novo desafio e considera a si mesmo seu desafio diário. Sente-se aberto e pronto para isso. E torce que aconteça!

"Não tenho foco em vivências negativas, pois creio que, em uma sociedade extremamente individualista como a nossa, onde o sucesso dos outros incomoda os que não foram à luta, a mínima oportunidade de rotular fracassos é encarada como grande oportunidade para muitos."

Está sempre se preparando para os próximos passos. Independentemente do local onde está ou possa vir a estar. Acredita que os desafios são cada vez mais constantes no que se refere à convivência coletiva.

"Trabalho com o que mais amo, o futebol! Então, como não dizer que me sinto realizado? Por outro lado, a ambição sadia nos move cada vez mais para cumes altíssimos e, por isso, aproveito cada segundo desta viagem, sempre em busca de novas realizações e inovações."

Teve a oportunidade de trabalhar e se desenvolver ao lado de vários colegas de renome, no futebol brasileiro, que considera exemplo de profissionalismo.

Luís Vagner Vívian foi escolhido por Cícero para ser o Supervisor da equipe profissional do Grêmio quando foi promovido a condição de executivo no tricolor gaúcho. Luís estava no Infantil e não escolher o supervisor do juvenil ou o do júnior seria uma tacada de convicção.

Já há alguns anos, pela sua qualidade e alta competência, Luís é o Supervisor da Seleção Brasileira Principal.

"Precisamos sempre acreditar em nossos sonhos e nas nossas convicções."

Considera Mario Celso Petraglia como um visionário. Na vanguarda do futebol brasileiro. Nutre extrema simpatia pela forma como ele conduziu a consolidação de um dos maiores *cases* de futebol das Américas.

Sobre a evolução tecnológica dos últimos 20 anos e seu impacto no futebol, acredita que o *Iphone* tenha sido a mais importante. O aparelho celular da *Apple* não transformou e possibilitou avanços só na nossa vida pessoal, com redes sociais, jogos, aplicativos e câmera para *selfies* e vídeos, mas, também, no mundo profissional. Esse pequeno revolucionário conduz hoje os principais *softwares* administrativos e técnicos, replicando a utilização mundial de hora de mapas, bússolas, cronômetros, calculadoras, *desktops* etc. Reforça que esse aparelho é capaz de fazer toda a entrega de uma complexa gama de informações necessárias e eficientes para gerir pessoas e processos. Utiliza diversas ferramentas como: SAP, Wyscout, Kyn Analitcs, Hudl, Instat, Footstats, Sportscode, Beatscore (aplicativo de gestão de departamento de futebol) e outros.

Crê que o que mudou o jogo dentro de campo, nos últimos 20 anos, foi o fato de o europeu utilizar nossa essência do futebol de rua para gerar estímulos de formação técnica em seus jovens. O brasileiro, mesmo sem querer, acabou exportando o seu drible e improviso na hora de jogar futebol, melhorando a qualidade técnica mundial desse esporte. E, paralelo a isso, organizou o jogo de forma coletiva com a introdução de conceitos e modelos, que trouxeram uma complexidade e intensidade completamente diferente ao futebol.

Certamente, entre as tantas partidas importantes, nas quais esteve envolvido pelos clubes que trabalhou, uma, em 2016, tem significado especial e ficará para sempre em sua memória: Palmeiras 1 x 0 Chapecoense pelo Brasileiro. Foi seu primeiro título nacional e, na madrugada seguinte, perderam diversos amigos na tragédia do time do Oeste catarinense. Foi quando a vida o ensinou que o um momento de glória pode ser também de perda em diferentes âmbitos, mas vividos ao mesmo tempo. Foi preciso muito equilíbrio e inteligência emocional para vivenciar as duas coisas, sem tirar o peso e o significado de ambas.

Tem como o jogo mais marcante da carreira Brasil e Itália pela Copa do Mundo de 1982. Ali percebeu, definitivamente, como o futebol poderia mexer profundamente com o sentimento das pessoas. Sentiu, na pele, o quão contagiante e coletivo o futebol pode ser, além de gigante.

Pensa que ter metodologias torna as pessoas mais capazes para construir projetos e processos com domínio da situação. Compreensão clara de quem tem experiência administrativa com procedimentos, processos e estratégias.

"Até mesmo quando errados, a percepção se torna mais nítida e as reconduções são alicerçadas no conteúdo que se aprende."

Acredita que a soma da capacitação com a experiência prática seja uma fórmula praticamente infalível para se tornar um profissional de elite. Ou seja, aperfeiçoar-se sempre através dos estudos, novos aprendizados e aplicar esses conhecimentos na prática com constância, podem tornar um aspirante à Gestor da área de futebol em alguém capaz de contribuir muito com o futebol. Há de se ter foco e disciplina.

E não é só a mente que se alimenta e se treina. Adepto dos treinos funcionais, Cícero faz sua esteira e participa de peladas por aí com certa regularidade, cuidando da saúde e do corpo. Mente sã em corpo são.

Quanto a cursos, normalmente está do lado dos organizadores. Dá bastante aulas para *CBF Academy*, Universidade do Futebol e gira o país com palestras e participações em seminários futebolísticos. Também fala um pouco de espanhol.

Acredita que o fato de os clubes brasileiros serem estatutários e produzirem eleições a cada três anos, permeando ambientes políticos, remete a uma realidade de constantes trocas de linhas de pensamento e consequentemente de gestão. Exigir sustentação a executivos, treinadores e atletas, nesse cenário, parece utópico.

Em outras palavras, a troca constante de gestores, regras e processos e, por vezes, de pessoal, acaba por gerar muitas ondas de mudanças que nem todos conseguem acompanhar. Seria melhor uma constância maior de ritmos e processos para melhores adaptações e foco no que mais interessa: no desenvolvimento do futebol e das pessoas.

Em resumo, é da opinião que gestões longas com indicadores de avaliações mais técnicos e menos empíricos, como muitos modelos do exterior fazem, seriam um excelente modelo a se aplicar no Brasil e que gostaria de participar.

O amor ao futebol brasileiro fica claro na sua frase abaixo, quando coloca uma crença como prioridade em seu país e à frente de outras realizações pessoais, porque considera positivo e essencial para o esporte em território nacional.

"Tenho um propósito de médio prazo na vida profissional, que é lutar pela regulamentação da profissão do executivo de futebol no Brasil e, enquanto não atingir esse objetivo, pretendo continuar em território nacional."

Considera que o maior desafio fora de campo é fazer os segmentos de imprensa, torcida e presidentes compreenderem que um executivo de futebol não é apenas um contratador de jogadores e, sim, um gestor de pessoas e de processos dentro do departamento de futebol. Um profissional de visão no que se refere à inteligência emocional em relação a pessoas e processos.

"O surgimento da Lei Pelé, o boom óptico, a valorização das áreas de saúde, a criação do certificado de clube formador, o aprimoramento da análise de desempenho e o regulamento de licenças de clubes são alguns exemplos de novos componentes introduzidos em nosso futebol nos últimos 20 anos e que convergem para a necessidade crucial de um gestor full time: o executivo de futebol."

Por isso mesmo, para os jovens, que sonham ingressar na carreira, aconselha que, além da tão necessária busca de qualificação através da formação acadêmica, que eles possam buscar as primeiras experiências em universos de menor expressividade, como categorias de base, escolinhas, clubes sociais, projetos comunitários, entidades públicas etc. Vivenciem todas as oportunidades possíveis, pois isso com certeza será um lastro de vivência para o resto de suas vidas profissionais.

Além deste conselho, para um jogador profissional de futebol costuma dizer que o principal elemento que os conduz através da carreira é a sua relação com a preparação para o jogo.

À medida que sua preparação o conduz a um jogo de alto nível, outros elementos se apresentam e precisam ser muito bem administrados, para que o foco não se perca e a trajetória de ascensão seja abreviada.

"O desejo de se tornar atleta profissional deve ser principalmente do jovem e, além de perceber seu dom para a tarefa, é extremamente necessário se verificar a aptidão para se vencer os muitos obstáculos que são apresentados no início de carreira."

Para um jovem de família que está começando na base, acredita que a renúncia a experiências que fazem parte da juventude de muitos garotos é uma constante na busca pela profissionalização.

"Em 2016 fui convidado para participar de um fórum chamado 'Pense Bola', organizado pelo Marcelo Robalinho e pela Think Ball, que gentilmente convidou os participantes para um almoço prévio. Lá, pude, pela primeira vez, trocar muitas ideias de futebol com Vanderlei Luxemburgo e com Marcelo. Depois, tive o privilégio de trabalhar ao lado desse ícone do futebol brasileiro e com pensamentos previamente alinhados em uma mesa conduzida por Robalinho."

Cícero não é apenas um exemplo de Gestor de sucesso no futebol, com vida e carreira marcadas pelo esporte, mas um bom exemplo de profissional, com personalidade que coloca o futebol acima de seus interesses pessoais. Sua visão futebolística atua de forma coletiva, como um todo, em âmbito nacional, antes de sua carreira e desejos individuais. Sem grandes vaidades, mas com um sonho claro, que engloba a todos que trabalham nesse esporte, que é o reconhecimento e oficialização dessa profissão, que só trará benefícios a todos de agora e aos que vierem depois!

10

A minha história é mais ou menos essa: entre 2011 e 2017, fui diretor estatutário de futebol, fazia as vezes de executivo, o que me deu cancha para me comunicar com o mercado, para entender e buscar relacionamentos dentro e fora de campo. Institucionalmente também, via CBF e Liga do Nordeste. Fui amadurecendo e crescendo.

CONSTANTINO JÚNIOR

Pernambucano, natural de Recife, tem 41 anos, é casado e pai de duas filhas. Economista formado pela Universidade Federal de Pernambuco, tem ligação quase de sangue com o Santa Cruz. Sua filha mais nova, Maria Valentina, nasceu no dia do centenário do Santa Cruz.

"A minha primeira filha nasceu prematura, mas a segunda, a gente brinca, que minha esposa segurou para chegar bem no dia centenário, foi uma emoção muito grande, muito bacana."

Foi influenciado a vida toda no futebol. Com a perda do pai de forma prematura, assumiu sua paixão para preencher o vazio que ficou.

"Estar no Santa Cruz era algo que me ligava ao meu pai, foi uma forma de suprir sua ausência. Também sempre fui apaixonado por futebol, gostava de entender, estar me informando sobre tudo do futebol. Eu sempre gostei, fui muito antenado, então foi ligando essa parte de gostar de futebol, ser esportista, com a parte emocional. Um elo mais forte com meu pai. Acho que foi esse o conjunto de fatores que me levou a acabar sendo alçado a ser dirigente de um clube tradicional e grandioso como o Santa Cruz."

A ligação com o Santa Cruz, com o futebol e sua carreira tem raízes muito profundas.

Foi mascote do clube enquanto seu pai era diretor. Sentia-se ligado aos esportes amadores do clube e frequentava todos os jogos e reuniões.

Militou no Arruda e conheceu as lideranças, fez questão de acompanhar tudo, independentemente da idade. Viajava, entrava de mascote nos jogos fora do estado, mesmo à noite e conta, que era complicado para a "gurizada" participar, pois precisavam da autorização dos responsáveis.

"Era o Santa que fazia esse elo de pai e filho, eu me sentia muito bem com ele naquele ambiente. Perdi meu pai com 17 anos, ele estando com 49. Daí, eu perdi muito dessa ligação que tinha do Santa com ele, mas não perdi o amor pelo clube, o carinho..., então eu continuava indo aos jogos. Fiz parte de torcida

organizada, claro que era um outro momento, era mais um movimento, aquela coisa de pintar bandeiras, fazer faixa, papel picado, não era essa confusão de hoje, era um tempo mais lúdico, vamos dizer assim."

A ligação forte com o clube se transformou na memória viva do pai, por isso, continuou sempre ativo, fosse em torcida organizada, conselho deliberativo ou ainda assistindo aos jogos.

Mais tarde, foi convidado para atuar como diretor estatutário. Eles estavam na Série D há dois anos. Foi um trabalho de recomeço e depois de muito tempo, conseguiram conquistar o título Estadual de 2011 contra o Sport Recife. Saíram da Série D para a Série C, tornando-se vice-campeões brasileiros da Série D.

Em 2012, conquistaram o bicampeonato pernambucano, não subiram da Série C para a B, devido a uma paralisação do Campeonato Brasileiro por sessenta dias, o que atrapalhou os planos do time. O ritmo do Santa Cruz vinha de um bicampeonato estadual, de um time entrosado e a competição ficou parada devido a um processo do Treze de Campina Grande.

Em 2013, foram tricampeões pernambucanos em cima do Sport Recife. Depois conquistaram o título brasileiro da Série C.

O ano de 2014 foi o do centenário, ficaram muito próximos do tetracampeonato pernambucano, mas não conquistaram.

"Até no regulamento foi complicado. Ganhamos o primeiro jogo por 3 a 0 e perdemos o segundo de 1 a 0, aos 45 segundos do segundo tempo, lá na Ilha, mas não tinha, no regulamento, essa coisa de diferença de gol, então foi para os pênaltis e perdemos e também não subimos. Ficamos próximos de ir para a B."

Em 2015, foram campeões pernambucanos novamente, conquistaram o acesso da Série B para a Série A com um vice-campeonato. Em 2016, foram bicampeões pernambucanos e campeões da Copa do Nordeste, jogando a Série A, mas infelizmente não conseguiram segurar a disparidade, a dificuldade da competição para se manter na Série A de 2016.

"A minha história é mais ou menos essa: entre 2011 e 2017, fui diretor estatutário de futebol, fazia as vezes de executivo, o que me deu cancha para me comunicar com o mercado, para entender e buscar relacionamentos dentro e fora de campo. Institucionalmente também, via CBF e Liga do Nordeste. Fui amadurecendo e crescendo."

Em 2017 já tinha plano para, no ano seguinte, não estar mais no futebol, queria cuidar da sua vida, mas foi convidado para ser candidato à presidência do Santa Cruz, faltando pouco tempo para a eleição. Havia um ex-presidente que era candidato, mas que teve um problema de saúde e Constantino acabou sendo chamado para ser o presidente no triênio de 2018 a 2020. E conta que está lá, tocando a vida até hoje.

Sobre as experiências mais positivas e negativas dos últimos 20 anos, cita duas situações. O time de 2015, que começou desacreditado na Série B, com Grafite, João Paulo e outros, mas que acabou conquistando o acesso. Terminaram como vice-campeões e por pouco não ficaram em primeiro. Diz que foi um ano que começou com dificuldade, mas que o Santa conseguiu dar a volta por cima durante a própria competição.

Em 2016, sabia que tinha um time que podia ficar na Série A, mas não ficou. Conta que tiveram alguns atropelos e dificuldades financeiras. O time era tecnicamente bom, pois em vários jogos atuou de igual para igual com praticamente todos os clubes. Não foi dominado em nenhum jogo, mas o lado estrutural e financeiro atrapalhou, então ficou com a frustração de não ter conseguido permanecer na Série A, apesar do time bom.

Se os últimos anos foram cheios de desafios, gosta de acreditar que a vida é isso mesmo e se sente muito motivado e aberto para que novas possibilidades e cenários cheguem.

Afirma que compreende o nível de desgaste nessa área do futebol, acha que um clube de massa tem suas dificuldades, mas encara com orgulho presidir e dirigir um clube da grandeza do Santa Cruz. Jamais descartaria qualquer possibilidade de novos desafios, porque gosta do friozinho na barriga das coisas acontecerem.

Tem o pensamento de sempre querer mais, como "quero ser campeão estadual" agora, depois "agora vou me manter e vou para uma competição internacional" e daí por diante.

Com o pé no chão e dentro da realidade, acha que é sempre possível conquistar mais, está sempre preparado para buscar voos e objetivos maiores.

Em toda a sua vida profissional, além dos tantos feitos, também trabalhou com pessoas bastante qualificadas, tanto atletas quanto treinadores. Destaca, como jogador, Dani Morais, que segundo ele é um cara que vai ter um futuro promissor, seja como dirigente, seja como treinador. Pensa que ele vem se preparando bem. Gosta da sua forma de enxergar o jogo dentro das quatro linhas, de encarar a vida e os problemas cotidianos do futebol. Acredita que ele se tornará um grande profissional e gestor.

Cita Nei Pandolfo como um grande executivo, alguém que sabe lidar e encarar com naturalidade o dia a dia do esporte. Diz que ele sabe matar no peito, tem habilidade para negociação. Como treinador, destaca Milton Mendes, que tem como um profissional de aspectos bem apurados é uma grande pessoa.

Nutre admiração por Mario Celso Petraglia como gestor e como presidente. Afirma que é uma pessoa que conseguiu mudar a história do Athletico, que sempre lutou com unhas e dentes pelo clube. Um visionário, sempre pensando lá na frente.

Comenta que João Paulo Sampaio, do Palmeiras tem um belo trabalho prestado na parte de revelar jogadores.

Diz que, no Nordeste, o Alarcon Pacheco, que hoje está no Vitória e já foi do CRB, é um profissional preparado, com conhecimento sobre jogadores e boas relações. Fez um bom trabalho no CRB e está se saindo bem no Vitória da Bahia, com bom futuro pela frente.

Sobre a tecnologia, afirma que a de mensuração de números nos treinamentos, de dados, de *performance* de atletas, dos quilômetros percorridos, bem como a de mensuração de qual intensidade, de o quanto que foi feito, estão performando ao lado da fisiologia de forma muito positiva. Também a tecnologia no sentido de mensuração e de análise de desempenho de atletas, o lado tático.

"Antigamente, você tinha que mandar alguém filmar um jogo. Se você quisesse ver o jogador, tinha que ir lá no interior do Maranhão ver o cara jogar, daí você chega lá e o cara não joga. Então hoje, você tem ferramentas que te dão dados muito preciso de jogos e ações dentro de campo. Tudo isso tem ajudado muito na questão de minimizar erros, de poder trazer jogador dentro do que realmente a gente necessita, dentro das carências de cada clube. Cada clube olha a situação de que precisa. Acho que a tecnologia nesses dois ramos, fundamentalmente, no lado da mensuração de performance de treinamento e de jogos, e a condição de avaliação melhor de lances de atletas, isso realmente tem ajudado muito, acho que é o que mais impactou no sistema do futebol como esporte de alto rendimento."

Conta que foi um entusiasta para inaugurar a Catapult, uma ferramenta que usa a fim de medir a condição dos jogadores nos treinamentos e nos jogos. Menciona que possui acesso aos dados e procura estar sempre antenado, pois isso é muito importante para o departamento físico e de fisiologia para mensuração, junto com a avaliação cruzada do departamento médico a fim de medir o CK: ver quanto correu, como que está performando e diz que sempre se vale desses dados para poder se inteirar. Também utiliza as tecnologias de avaliação de atletas, o Wyscout. Isso possibilita a otimização dos resultados.

Sobre as mudanças dentro de campo das últimas duas décadas, cita a questão de ocupação de espaço e a prevalência física. Segundo ele, o número de quilômetros percorridos por cada atleta, hoje é muito maior. Acha que o que mais evoluiu, certamente, foi a capacidade física dos atletas. É o que mais impressiona.

Sua partida mais memorável também revela uma capacidade de memória e lembranças incríveis.

Quando tinha 4 anos de idade, numa final entre Santa e Náutico, seu clube acabou sendo campeão nos pênaltis. Ele era moleque, entrou de mascote no jogo; obtiveram a vitória na segunda fase do terceiro turno, ganharam o terceiro turno e aí fizeram um supercampeonato e sagraram-se campeões em cima de Náutico e Sport.

"Eu era muito moleque, tem foto, tem registro e eu lembro vagamente, mas como eu militava, foi uma emoção muito forte que até hoje, por mais jovem que

eu fosse e até por olhar muito essas fotos, isso me marcou muito. Mas eu não tenho muita consciência do jogo em si, era muito a coisa da emoção e da vibração da torcida."

Outro jogo muito marcante foi em 2011, quando o Santa Cruz ganhou do Sport num jogo difícil na Ilha. Diz que o time vinha desacreditado, estava na Série D e o rival com uma folha cerca de oito vezes maior que a de seu clube. Ele menciona ainda outro jogo em 2013: o acesso com casa lotada, saindo da Série C, com gols de Caça-Rato e Betinho, também na Ilha do Retiro. Passou por inúmeras conquistas e essas foram as que mais marcaram sua trajetória no clube.

Para ele, a formação acadêmica é bem importante. Diz que sente falta de mais cursos e interação para o sistema do futebol.

Ele é da opinião de que quanto mais informação se tem e mais se troca experiência, mais se enriquece e engrandece o currículo profissional. Diz que a formação acadêmica e o preparo, nunca são demais, principalmente no futebol. Comenta, que muita gente tem a visão antiga, de que o indivíduo nasce sabendo ou que tem olho bom para futebol, mas ele não pensa assim. Acredita que tem de haver um preparo, seja do lado do gestor, seja do lado do próprio jogador, há que se estar bem assessorado.

"Haja vista a Think Ball, como estão preparados para se conectar com o mercado, se o mercado entende que é uma empresa séria, que tem bons profissionais, você vai conseguir agregar valor, conseguir melhores negociações para o atleta, então isso é muito importante; o preparo, a formação acadêmica e as relações fazem a diferença num mundo tão competitivo como esse. Quem tem mais informação, quem se prepara melhor, certamente tem um diferencial no mercado."

Ele mesmo está sempre tentando se manter atualizado nesse sentido.

Em 2018, ia fazer um curso na UEFA, mas não teve como, porque devia ser feito em Portugal e os módulos eram por toda a Europa, mas fez os cursos da CBF e também da Federação Pernambucana. Hoje também é diretor da Liga do Nordeste, atuando como o interlocutor, o representante legal da Série C, sendo membro efetivo da Comissão Nacional de Clubes, a CNC.

Conta que a questão do conhecimento, do preparo e das relações é muito importante, não só no mundo moderno, mas, fundamentalmente, no mundo do futebol, no qual é preciso ter boa reputação, ser bem visto pelo futebol como um todo, desde os atletas até os empresários, pelos demais companheiros de clube, pelas autoridades do futebol, pelas questões institucionais, seja federação ou confederação. Tem convicção dessa importância e tem buscado se aprimorar sempre, fazendo bons contatos, sendo ético e correto, para que possa crescer como pessoa, mas também enaltecer a instituição que ele defende: o Santa Cruz.

Sobre a saúde e os cuidados com seu corpo, fala que tem sido difícil dentro do clube e por isso agora está só nas caminhadas.

"Meu pai gostava muito de bicicleta; ele gostava muito de vários esportes. Ele fomentou por muito tempo aqui no Santa esportes amadores como voleibol, basquete, futebol feminino, mas ele tinha uma paixão muito grande por ciclismo. Então, ele me dizia: 'e se eu comprar a bicicleta importada, todo o equipamento?', mas nunca foi muito a minha praia pedalar, eu sempre gostei muito de lutas e de futebol."

Assume que era o tipo zagueirão, que chega junto, bom de jogo aéreo e de "arriar a madeira". Também praticou luta por muito tempo, *kickboxing*, *jiu-jitsu*, mas de um tempo pra cá tem dado só umas caminhadinhas, porque o futebol toma muito o seu tempo. Se ele está na academia, a turma vem falar de futebol; se vai praticar no clube, a turma vem atrás dele para assinar contrato... Então, o que o que mais tem conseguido fazer é caminhar.

Afirma que os modelos de gestão são diferentes entre países.

"No Santa, a realidade orçamentária é outra. No futebol internacional existe esse modelo de clube-empresa, que você consegue injeção de capital. Está existindo hoje uma disparidade muito grande, que outrora nunca havia existido, uma disparidade do futebol europeu para o sul-americano. Antigamente era tudo mais igual. Se você olha para a década de 1990, por exemplo, a disputa do Mundial de Clubes era muito mais equilibrada. Hoje em dia, o Flamengo foi para um estágio mais parecido, mas mesmo assim, o que é um time imbatível aqui na América do Sul não faz tanta frente se você colocar contra os europeus, o que era diferente da época do São Paulo, que enfrentava um Barcelona, um Milan e não tinha realmente favoritismo."

Ele conta sobre essa diferenciação na questão financeira e da captação de recurso, (que pode ser adquirido ou pode ser clube-empresa), a formatação das ligas e a distribuição de receitas, permite criar um modelo inglês, mas se tem uma equidade maior na distribuição das receitas.

Para ele, o futebol brasileiro está complicando muito na questão da distribuição de receita, o que atrapalha quanto à realidade do Brasil. Diz que lá fora, o treinador quer um jogador, o "sheik" vai lá e compra, um executivo quer um jogador, ele estala um dedo e consegue o jogador.

Ele visualiza como de boa gestão, os clubes que têm a capacidade de trabalhar bem a suas divisões de base, trazendo para a realidade brasileira. Cita o Ajax como exemplo, que conseguiu num espaço curto de tempo fazer vários jogadores. E ressalta, que ele paga pelo sucesso: na hora que esses jogadores sobem, eles recebem propostas altíssimas e aí o clube não consegue mais, porque não é toda a safra, toda hora e todo ano que você vai ter dez ou quinze jogadores de alto nível sendo formados pelo mesmo time. Se vai ter um período de entressafra, diz que não tem como.

Fala ainda que esse modelo de formação talvez seja o mais necessário para a realidade do futebol nordestino e para o futebol pernambucano neste momento. As outras gestões, dos clubes ingleses ou das grandes potências espanholas, segundo ele, são de clubes que têm uma disponibilidade de receita maior, que não se pode comparar com a nossa realidade.

Acha que aqui tem que se pensar em mudar essa formatação, tramitando o projeto de clube-empresa, tornaria mais possível que nesse ano venha à tona essa discussão para aprovação.

Sente que estamos vivendo um novo momento com relação às transmissões esportivas, a partir da entrada da MP 984. Então o futebol brasileiro pode passar por um novo momento, aí sim vai se poder buscar um pouco mais, assemelhar-se à realidade da Europa, mas hoje, com a formatação atual, sendo um clube sem ter a condição de clube-empresa, sem capital aberto, isso muda um pouco a realidade e quando se compara com um clube europeu, fica disforme da realidade do nosso país.

Com tantas percepções sobre os modelos de gestão daqui e de fora, admite que já pensou em se preparar lá fora. Tem dupla cidadania (português), passaporte europeu, e isso certamente abre portas. Grande parte da sua família reside em Portugal, tendo muitos parentes lá, não é uma opção que se descarte. Gosta da possibilidade de entender outras realidades, visualizar novas formas de futebol e absorver conhecimento, acha que isso é extremamente positivo.

Dos desafios fora de campo, diz que não são poucos. Gerir um grande passivo com receita diminuta não é uma fórmula fácil, segundo ele, e diz que isso requer muita habilidade: estar bem preparado, cercado de pessoas competentes e de bons profissionais.

Agradece por ter montado uma equipe de trabalho que tem lhe dado esse suporte, tratando-se de pessoas sérias, competentes, concentradas e focadas no trabalho do Santa Cruz. Quando se fala de um clube de massa, tem que se entender que a pressão é grande e saber que é assim. Se é justo ou não, é a regra do jogo, o torcedor quer resultado.

"Você tem que, primeiro, claro, trabalhar com a sua consciência de fazer o melhor que pode, sempre dar o melhor, se esforçar, batalhar, dar o seu máximo em tempo integral. Eu vejo muito assim, não tem descanso: é trabalho, trabalho e trabalho. Nem sempre o resultado vem, são 20 clubes para um poder ser campeão, todo mundo está buscando o mesmo objetivo. Às vezes, você é mensurado pelo resultado, se foi campeão, parabéns. Aí, às vezes, não se olha muito para a questão da gestão, do todo, e você pode conseguir o resultado esportivo e bagunçar as finanças do clube, por exemplo, ou vice-versa, você não conquista o título, mas organiza o clube. Isso é um pouco paradoxal, os desafios são diários, fazem parte do dia a dia, de quem dirige grandes agremiações, penso como um fator que me motiva a estar buscando sempre soluções, mesmo nas maiores dificuldades. Isso me move em busca sempre de melhorias para o clube."

Para os jovens que desejam ingressar no futebol ele aconselha que não desistam, que se preparem e se comuniquem. Diz que é um mercado um pouco fechado, mas é importante essa comunicação, preparar-se bem, ter contatos, participar de cursos e eventos, mostrar-se diferenciado. Lembra que não é toda hora que aparecem oportunidades, até porque se conta nos dedos, os clubes que têm a capacidade de contratar executivos e pessoas preparadas no mercado. Ressaltando que é um mercado restrito, mas pensa que sempre vai haver espaço para o bom profissional. Pode ser, que se comece de baixo, vai para uma base, mas se houver preparo, se houver boa comunicação, acaba encontrando a oportunidade. Pensa que os clubes têm buscado se profissionalizar cada vez mais.

Já para o jogador profissional alerta, que ele não inverta seus valores. Hoje, segundo Constantino, é possível ver, com melhores assessorias, jogadores com menos casos como de um passado recente, quando muitos acabavam a carreira sem nada.

Relembra, que muitos jogadores que tiveram êxito e bons contratos, hoje vivem com dificuldade. Que o jogador pense no futuro, saiba que sua carreira é curta. Ela pode ser longa depois, caso ele se prepare, se for ser um supervisor, um gerente de futebol ou executivo de futebol treinado. Diz que no primeiro momento, que o jogador saiba que tem uma vida inteira pela frente, que busque se qualificar.

"O dom que vem de Deus ele tem que aperfeiçoar, não pode relaxar, o jogador tem que se cobrar. Pensar pra frente, tem uma vida toda para viver, o jogador tem um prazo de validade, o que é diferente para um cara normal de 40 anos, que, digamos, está começando a vida, e no futebol o cara está terminando. Se olharmos para a expectativa média de um brasileiro, um esportista vai viver mais de 80 anos, então será que os 10 ou 15 anos que passou jogando futebol vão ser suficientes para segurar todo o restante da vida? O padrão que ele vai construir? Então, é importante que ele se prepare e se qualifique, que busque informações e saiba utilizar bem as reservas que fez. Que construa um bom alicerce familiar, porque você pode ter todo o êxito do mundo, mas quando não tem uma família bem construída, pode colocar tudo a perder."

Fala com orgulho, que é assim que procura orientar seus atletas, principalmente os mais novos. Diz que lá na frente, vai ser importante saber que teve participação na formação do caráter do jogador, na condição pedagógica, no fato de ele lembrar "eu realmente fiz isso aqui, porque tive uma ajuda do meu ex-presidente, ou do meu diretor que me orientou, que me deu um conselho certo".

Confessa que vibra, sente-se feliz quando olha os jogadores que hoje conseguiram progredir na carreira e que estão com vida bem encaminhada. Considera uma grande vitória, entender que fez parte, ainda que minimamente, daquele sucesso.

Coloca-se sempre à disposição para dar bons conselhos, chama atenção quando acha que deve e também elogia. Lembra que o jogador precisa procurar pessoas qualificadas para tomar conta da sua carreira, pois às vezes os pais ou familiares cobram para que lhes deem uma vida melhor ou ainda há aquele empresário que só olha o lado financeiro e não olha o lado humano do jogador. Se ele vai estar numa cidade que não vai responder tão bem, se ele vai jogar num clube em que não vai encaixar sua característica, aquele empresário vai estar visualizando só o contrato e dinheiro, então que o jogador tome muito cuidado e analise bem essa questão de escolher quem está tomando conta da carreira dele.

Para o jovem de família que está começando na base, diz que devem ter foco na vida, uma meta e objetivo. Que não percam a essência, porque às vezes o futebol tem isso: o cara dá dois chutes e pronto. Na iniciativa privada para se ter 20% de aumento, é preciso ralar a fim de mostrar ao chefe que se merece um aumento. No futebol, pode-se dar um chute e um moleque que ganha mil reais num dia está ganhando quinze no outro.

Poucas profissões têm uma ascensão tão meteórica quanto no futebol, então ele aconselha para que nunca percam a humildade, mantenham a essência, coloquem metas e objetivos na vida. Dando valor à sua casa e à sua família, às pessoas que se preocupam com ele. Às vezes, o cara ganha uma grana e já quer mudar o padrão de vida, dão muito valor à questão material e se esquecem da essência. Então ele reforça: preservar a humildade, mantendo-se leais a quem cuida da carreira, dos familiares, os pais, que certamente não vão perder nada agindo dessa forma.

Sobre a *Think Ball*, diz que tira o chapéu para o Marcelo, porque sabe o nível de investimento que ele faz. Reforça que sua afirmação não tem demagogia.

"É uma empresa extremamente bem conceituada no futebol brasileiro e também no futebol internacional, isso é até motivo de orgulho para gente que é brasileiro. A forma de se comunicar com o mercado, a estrutura física do escritório da Think Ball é de primeiro nível, de primeiro mundo. Como questão marcante, tivemos aqui o Ricardo Bueno, mas muito essa questão do André. Eu vi como chegou o André aqui vindo do Guarulhos, fizemos uma parceria da Think Ball com o Santa Cruz, e o jogador hoje tem um valor muito grande, o mercado o visualiza como uma grande aposta, uma grande promessa, e para a gente também, sem dúvida alguma, ele é uma das maiores revelações dos últimos anos do Santa Cruz. Eu vejo a forma como ele é tratado pela empresa, o nível de profissionalismo dele, porque o próprio jogador acaba absorvendo isso, então eu vejo que ele está num patamar, num degrau de preparo de conscientização de onde ele pode chegar, e muito disso tem o dedo da empresa, do Marcelo."

Opina que essa experiência de acelerar o processo dos atletas e dar a eles uma condição mercadológica, até por toda a estrutura que existe no seu escritório, é importante para o atleta, que sai ganhando com isso. É importante para a empresa, porque se posiciona perante o mercado e para o clube, que o tem como parceiro, porque sabe que é uma empresa que tem nome e que, certamente, o jogador representado por ela, vai atingir um melhor valor ele já vem com um selo de qualidade, assim dizendo.

Afirma ainda que isso é bem importante, por isso queremos prorrogar essa parceria, que se mantenha por muito tempo com o Santa Cruz. Ele se sente muito feliz de ter uma ótima relação com o Marcelo e com toda a empresa.

Constantino Júnior passou a vida no futebol honrando a memória do pai e vivendo suas lembranças, repetindo-as nas melhores *performance*s possíveis. Não se trata de um profissional que sonhava em ser jogador, famoso ou bem-sucedido, mas alcançou tudo isso por amor a quem se foi e que tanto lhe custou.

11

Me sinto bem, não tenho frustração, bem pelo contrário, não tenho vaidade, gosto de trabalhar dentro da minha realidade. Claro que tenho o sonho de uma Seleção Brasileira ou ir para fora do país. Esses são sonhos que tenho, sei que é difícil, mas são sonhos que eu gostaria de realizar ainda dentro do futebol.

JORGE MACEDO

Jorge Macedo tem 42 anos, é casado e tem uma filha de três. Formado em Educação Física, fez especialização em Gestão Esportiva e diversos cursos na área de gestão e marketing, coordenação técnica e de treinador.

Iniciou sua carreira atuando na parte técnica, já que almejava ser treinador. Conta que sempre gostou da parte de organização e captação. Antes de trabalhar no Inter, trabalhou numa escolinha de futebol como professor, gerente da escolinha e atuando no administrativo de uma sede. Tinha que fazer divulgação, captar patrocínio e lidar com os pais. Fazia toda a parte de gestão ao mesmo tempo em que era o treinador. Multifuncional!

Tinha uma equipe de competição e desenvolveu esse trabalho com turmas em período integral. Inicialmente tinham 600 alunos e no final do ano 1200. Organizou campeonatos internos, buscou patrocínios, organizou reuniões metodológicas, dava aulas e ajudava um rapaz que estava na coordenação, mas que não tinha muita experiência. Isso chamou a atenção do clube e, no ano seguinte, o convidaram para trabalhar.

Na mesma época, foi viajar com duas categorias para a Argentina, voou para Alegrete para uma competição onde foram campeões no Sub-13.

"Quando retornamos, o Fernando Carvalho, que depois viria a ser presidente do Inter, bicampeão da Libertadores e do Mundo, era, na época, Diretor da Categoria de Base, me disse: 'tu vai ser agora o coordenador da parte recreativa e de competição também!'. Aí, migrei para esse lado de gestão, gosto muito desse perfil e, na base, fazer esse trabalho de captação, de busca de jogador, de negociações. Então, entrei a fundo nessa área."

O início da carreira no futebol coincidiu com a entrada na Universidade, em 1995. Trabalhou numa escolinha, em Porto Alegre, por um ano e, em março de 1996, entrou no Inter. Lá passou por todas as áreas, foi professor da escolinha logo que entrou. Em 1997, coordenou toda a parte recreativa e competitiva dos garotos de 10 a 15 anos do Inter. Em 2001, começou a coordenar a parte de Sub-17 e Sub-20, virou Coordenador Geral das Categorias de Base em 2003 ou 2004. Coordenou, também, a equipe B a partir de 2005, quando o Inter passou a introduzir o time B no profissional. Deixou o Inter pela primeira vez em 2011.

Foi para o Fluminense, presidido por Peter Siemsen, que fez todo um trabalho de reformulação do Xerém nas categorias de base. Passou o ano de 2011 na base, assumiu a equipe principal por alguns meses, fazendo a Libertadores e alguns outros campeonatos, participou da chegada do professor Abel Braga. Acabou, no final do ano, retornando ao Inter.

Na época, o Diretor Executivo principal era o Fernandão, ex-jogador, e acabou assumindo o cargo de Gerente para ajudá-lo a coordenar toda a parte do time B, a transição e as categorias de base. Permaneceu no Inter até 2016, sendo que em 2014 assumiu, pela primeira vez, como Diretor Executivo da equipe principal, função que exerceu, também, durante a temporada 2015.

Nisso, foi bicampeão gaúcho, vice-campeão brasileiro, participou da Libertadores em 2015, e então, em 2016, retornou ao Fluminense, já na equipe principal. Ficou toda a temporada de 2016, ganhando a Primeira Liga e, no final desse ano, acabou retornou ao Inter. O clube, naquele ano, havia sido rebaixado para a Série B e ele foi contratado para fazer o trabalho de reformulação para a disputa da segunda divisão. Ficou no Inter de 2017 até meados de 2018, quando foi para o Vitória. No Vitória, permaneceu até fevereiro de 2019, quando decidiu tirar um período para ficar com a sua filha, que era recém-nascida. Ele nunca tinha tido férias, até então.

Aproveitou também para estudar, fazer o curso de gestão da CBF e ir para fora do país. No final desse ano, retornou e assumiu o Ceará, onde está até agora, e conquistou o bicampeonato da Copa do Nordeste de forma invicta. São mais de 20 anos no futebol, passando praticamente por todas as funções nessa parte de gestão: escolinha, base, time B e profissional.

Dos trabalhos realizados nos últimos 20 anos, acha que o do Internacional é um case de sucesso fenomenal. Conta que entrou e pegou um clube que vinha mal há anos, que não conquistava nada. E dentro do planejamento estratégico, um dos pontos era o trabalho de formação. Com isso, o Inter virou uma referência em categoria de base. Foi o primeiro clube, a partir da Lei Pelé, a captar jogador, fazer sua formação, revelação e venda. O Inter foi o primeiro do ranking da categoria de base por muitos anos, como o clube que mais vendeu jogadores.

"Parei de acompanhar, acho que o São Paulo passou agora, mas até 2015, 2016, o Inter era o clube que mais tinha vendido jogadores para fora, e teve os ganhos esportivos, porque esses jogadores ajudaram o Inter a ser bicampeão da América e campeão do Mundo. Para mim, o trabalho no Inter foi um grande case, principalmente na base, mas depois também no profissional."

A decepção que teve nas duas últimas décadas foi trabalhar no Vitória, no meio do ano. Era sua primeira experiência no Nordeste, não tinha muito conhecimento e sentiu que foi um trabalho em que ficou sozinho, então teve muita dificuldade de adaptação e de conseguir implementar uma metodologia. Segundo ele, foi um trabalho que não deu certo.

Sobre novos desafios, se diz sempre aberto para isso. Ele fala que o Ceará é um grande desafio, pois trata-se de um clube que vinha há tempos sem conseguir grandes conquistas e tendo muita dificuldade no Campeonato Brasileiro.

"Consegui mudar um pouco a metodologia, fazer um investimento grande na parte de estrutura, conseguirmos fazer com que o presidente entendesse a importância da estrutura, da logística e de todos os departamentos estarem integrados. Conseguirmos modificar bastante coisa dentro do clube. Já tivemos um ganho esportivo, que foi a Copa do Nordeste. Está sendo um desafio muito grande o trabalho o no Ceará."

Considera-se uma pessoa realizada e, também, se sente satisfeito no futebol. Explica que, primeiro, porque veio do interior, nasceu numa cidade pequena chamada Rio Grande, há 350 quilômetros de Porto Alegre. Não foi jogador, não teve ninguém da família que tivesse sido e tudo o que conseguiu foi através do seu próprio trabalho.

Não teve nenhuma facilidade porque já tinha jogado num clube ou porque foi jogador ou, ainda, porque tinha algum conhecido ou parente. Foi pelo seu trabalho que se tornou tudo o que é hoje. Confessa que praticamente saiu do nada e conseguiu se realizar profissionalmente, chegando ao topo num clube de Série A.

Se diz realizado, mas tem sonhos. Espera um dia ir para a Seleção Brasileira e trabalhar fora do país. É convicto de que não tem nenhuma frustração.

"Me sinto bem, não tenho frustração, bem pelo contrário, não tenho vaidade, gosto de trabalhar dentro da minha realidade. Claro que tenho o sonho de uma Seleção Brasileira ou ir para fora do país. Esses são sonhos que tenho, sei que é difícil, mas são sonhos que eu gostaria de realizar ainda dentro do futebol."

Sobre os profissionais com quem trabalhou, cita que tem admiração e respeito por muitos, mas certamente alguns o marcaram mais durante a carreira.

"Tem muitas pessoas que trabalharam e começaram comigo. Por exemplo, o Adriano Loss, hoje supervisor do Inter. O Jorge Andrade foi professor na escolinha e hoje é Executivo do Santos. Profissional que começou na categoria de base, foi um atleta do clube que parou de jogar, foi trabalhar lá dentro e hoje está num grande clube e tem um grande potencial. O Deive Bandeira, hoje gerente do Internacional, era treinador, nós o tiramos do campo e o levamos para a área de gestão e, hoje, faz um trabalho muito bom lá no Inter, espetacular. E ex--atletas nossos que não tiveram muito sucesso, principalmente na base, que hoje também estão trilhando um caminho."

Na gestão, sempre procurou valorizar os meninos que, eventualmente, não conseguiram ter sucesso como atletas e foram estudar. Não só na área de gestão, mas nas de treinador, preparação física e fisioterapia. Sempre buscou criar oportunidades para esses jovens, uma vez que eles já têm experiência como atletas e dentro dos clubes para seguirem uma carreira em outra área.

Segundo ele, não é só formar o jogador, mas formar o próprio cidadão, e depois prepará-los para a vida.

> *"O próprio Odair (Hellmann), que hoje é treinador do Fluminense, acho que foi jogador do Inter. Ele voltou para o clube, a gente o ajudou a estudar, terminar os cursos de treinador, botamos ele para trabalhar como auxiliar de diversos treinadores, oportunizar como o próprio auxiliar técnico do clube e, depois, como treinador e hoje ele é um treinador de Série A. O Odair é um exemplo de todo esse trabalho, dessa oportunidade que temos que dar para essas pessoas que param de jogar e continuam se qualificando para seguir trabalhando no futebol."*

Tem grande admiração pelo Fernando Carvalho, ex-presidente do Inter. Relata que, hoje, Fernando dirige um fundo de investimentos no futebol, sendo alguém muito preparado, alguém em quem se espelha e que lhe deu oportunidades dentro do futebol. Menciona o professor Élio Carravetta, coordenador científico do Inter, que tem pós-doutorado em treinamento e conhece a área de gestão a fundo. Diz que diversos outros dirigentes estatutários que trabalharam com ele são dignos de sua admiração, como Giovanni Luigi, um ex-presidente que sempre acreditou em seu potencial. Para ele, um administrador fora de série, que o ensinou muito na parte de administração.

Sobre o impacto da tecnologia no futebol nos últimos 20 anos, pondera que várias modificaram e melhoraram o futebol. Acredita que a análise de desempenho foi uma das novidades que vieram para ficar. Hoje, tem-se todos os dados da equipe, dos adversários e dos jogadores; sabe-se todo o seu *scout online*, o que está sendo nos jogos, nos treinamentos e o que precisa evoluir.

Relata que a tecnologia de análise de mercado foi fundamental para quem trabalha com a parte da gestão.

> *"Quando eu comecei esse trabalho de análise nos clubes, filmava tudo em VHS, tinha que assistir tudo, editar e cortar os jogos para fazer os melhores momentos e isso, às vezes, demorava três ou quatro dias para conseguir lances de um jogador. Hoje se tem a tecnologia dos softwares, que permite acesso a jogadores do mundo inteiro, com qualquer ação. Se você quer saber o passe, antecipação e cabeceio desse jogador você já consegue ter, então isso ajudou muito na nossa tomada de decisão."*

Acrescenta que há praticamente tudo em termos de dados e números quantitativos e registros em vídeo. Hoje consegue-se fazer todas as avaliações possíveis. Diz que isso foi um grande diferencial que evoluiu o futebol. O futebol passou pela evolução da parte física, depois veio para a evolução da parte tática e técnica e, hoje, vê essa evolução da observação, dos jogadores saberem contra quem vão jogar, saber todas as informações possíveis dos adversários e, principalmente, saberem o que eles precisam melhorar. Opina que hoje, se consegue dar todas essas informações para o atleta, o que há dez anos atrás era bem mais difícil.

Em seu trabalho no dia a dia, diz que usa o InStat, Wyscout e o Sportscode. Conta que tem um software de gestão, que estão desenvolvendo no próprio clube, o qual acompanha todas as questões administrativas do atleta como: parte contratual, as questões de parte médica, acompanhamento do histórico de cada jogador, a questão financeira, parte física e técnica, número de jogos, quantos minutos jogados e treinos realizados. Trata-se de software que passa todas as informações e que se pode acessar de onde estiverem. Tudo interligado.

Sobre as mudanças dentro de campo nos últimos 20 anos, pensa que hoje é um jogo totalmente tático e muito intenso.

"A intensidade do jogo mudou muito, a compactação, a velocidade, isso mudou bastante. Um jogador que corria oito, nove quilômetros, hoje corre onze, doze, numa intensidade muito grande. Os jogadores que não têm uma predisposição física, dificilmente jogam no futebol de hoje. Aquele que não tem força e velocidade é muito complicado para conseguir jogar, ele teria que ser muito diferente tecnicamente para conseguir jogar no futebol agora, que se tornou um jogo de muito contato e força, de compactação e toques rápidos, não tem mais tempo e espaço para o drible, é um jogo muito mais vertical do que antigamente, que era mais pensado, espaçado e lento. O futebol vem se tornando cada vez mais rápido e mais forte."

Sobre as partidas de futebol mais marcantes nos clubes pelos quais que passou nos últimos 20 anos, menciona a final do Mundial entre Inter e Barcelona. Diz que ali foi o jogo que mudou a história do clube onde trabalhou a vida inteira: o jogo de uma equipe brasileira contra um grande time mundial; na época, a melhor equipe do planeta, com Ronaldinho, Deco e outros craques e o Internacional acabou ganhando o jogo por 1 a 0.

Segundo ele, aí se vê que quando um time está predisposto e concentrado em fazer o que foi programado para fazer: anular o adversário dentro de uma estratégia, independentemente do nível que se tenha, consegue-se obter o resultado.

Para ele, o Internacional cumpriu à risca toda essa estratégia e todos os jogadores se comprometeram na parte defensiva e eles tinham um propósito, na parte ofensiva, de duas ou três ações e assim eles o fizeram e conseguiram fazer o gol, ao mesmo tempo em que anularam o Barcelona, que era o melhor time do mundo na época.

"Esse jogo foi fora de série para mim. Um jogo que eu participei atuando e que me marcou, foi a final do Campeonato Gaúcho de 2014, um Gre-Nal que a gente ganhou por 4 a 1. Virou o primeiro tempo, já estava 4 a 0 para nós, um jogo muito marcante que eu participei de forma efetiva. Era uma final, um Gre-Nal, um placar tão elástico que poderia ter sido muito mais, e ali o Inter

conquistou o heptacampeonato gaúcho, a gente entrou para história ali com o Inter sendo, pela segunda vez, heptacampeão."

Fala sobre a formação acadêmica e capacitação profissional com ênfase na importância em estar sempre se atualizando. Diz que a formação inicial é importante, mas não decisiva, porque o futebol vai se modificando. Diz que na área de gestão surgem muitas novidades, as ferramentas, as leis e os regulamentos mudam e a atualização é constante.

Conta que o profissional que para de se atualizar enfrenta problemas. Observa que há gestores formados em diversas áreas, como Direito, Administração, Educação Física, Economia, Filosofia ou Psicologia, que atuam em grandes clubes porque se especializaram na área e continuam se atualizando.

Acredita que essa relação interpessoal e a comunicação mudaram bastante. Comenta que, às vezes, a pessoa fica dois ou três anos fora do futebol e, quando volta, percebe claramente a diferença na forma de trabalho.

"Hoje, o atleta não é carente de informações. Antigamente, ele aceitava tudo o que o treinador falava e hoje não. O atleta questiona o porquê daquilo que pediram para ele fazer, pesquisa na internet se aquilo que foi falado é verdade ou não. O atleta está curioso e buscando muitas informações também. Hoje ninguém engana mais ninguém. Se não estiver atualizado e preparado, dificilmente se tem sucesso na profissão. O que eu vejo é que tem que estar se atualizando no que está acontecendo, saber um pouco da parte de saúde, nutrição e fisiologia, estar atento a todas as áreas para poder discutir com o gestor de cada área e também com o alvo principal, que é o atleta. Eu acho que essa atualização constante é muito mais importante do que a formação acadêmica inicial. Outra coisa que eu vejo como importante é o intercâmbio, conseguir viajar, ir para fora ver o que está acontecendo na Europa. É fundamental ver o que está acontecendo aqui na América, na Argentina e em outros países, essa troca de informações é fundamental."

Jorge mantém-se atualizado sempre e como pode. Explica que está sempre fazendo algum curso, e diz que as oportunidades online facilitam muito. Fez um curso de gestão do Barcelona, agora está fazendo um da CBF para executivos, fez, também, o de gestão e o de Analista de Desempenho pela CBF.

Acredita que a CBF está criando oportunidades com isso. Fez cursos da Universidade do Futebol, destaca, entre esses, um muito bom sobre Gestão do Esporte. Recentemente, inscreveu-se no curso da Liga Espanhola.

Também considera importante falar outros idiomas. Sente um pouco de dificuldade porque não conseguiu estudar muito, mas fala bem espanhol e o inglês básico.

Diz que queria ter uma brecha para encaixar um curso de idioma lá fora. Joga um pouco de futebol e faz corrida. Corre três ou quatro vezes por semana. Antigamente, corria direto, treinava, fazia meia-maratona, mas, por uma lesão, não voltou a treinar no mesmo nível. Tem um esporte que gosta muito, que o ajuda a desestressar, que é futebol de botão. Joga uma vez por semana, quando consegue relaxar um pouco e sair da rotina.

"Futebol eu jogo a cada quinze dias, bato uma bolinha, mas a gente tem medo de se lesionar e ficar fora do trabalho, mas aqui no clube a gente tem uma pelada e faz um almoço, então eu participo. Mas aquela coisa que eu fazia quando era mais novo, de jogar direto, não dá para fazer mais. É bom para desopilar, eu comecei a jogar futebol de mesa para me divertir um pouco."

Sobre modelos de gestão do exterior e o desejo de implementar algo novo Brasil, diz que a dificuldade está no fato de os clubes brasileiros não possuírem donos. Essa é uma vantagem que se tem nos clubes do exterior, porque lá se tem um objetivo claro dentro do planejamento, não é só o objetivo esportivo, há o objetivo financeiro, uma série de cuidados e responsabilidades que não se vê nos clubes brasileiros.

Explica que, por aqui, se tem simplesmente o modelo do resultado, onde o primeiro lugar é o que vale e nada mais interessa. Relata que imprensa e torcida analisam apenas os resultados e não aquilo que se faz dentro do clube, o contexto, a maneira em que se pegou o clube e como o entregou, quantos jogadores foram potencializados, quantos jogadores foram contratados e se tornaram ativos para o clube, isso ninguém avalia.

Para ele, essa é uma maneira errada de se avaliar o trabalho de um gestor do esporte. Reforça que, lá fora, avalia-se não só o rendimento esportivo e a conquista do primeiro lugar, mas, também, conquistas menores, como uma boa classificação em campeonatos ou uma vaga para uma competição europeia. No Brasil, apenas o campeão é valorizado.

Diz que o Campeonato Brasileiro é o único que começa com oito ou nove candidatos ao título, mas apenas o vencedor é reconhecido.

"E o diretor, hoje, é igual treinador. Antigamente mandavam embora só o treinador e agora os clubes mandam embora, também, o diretor... virou mais um para se mandar embora. A torcida e a imprensa pedem a demissão. É uma dificuldade grande que se tem no futebol brasileiro."

Sobre o desejo de ter uma carreira no exterior, diz que gostaria de trabalhar em Portugal ou na Espanha. Para ele, Portugal é um país onde consegue-se fazer várias coisas no futebol por ser um país emergente, comprador e, ao mesmo tempo, vendedor. Acha que é um país que consegue levar muitos jogadores e os desenvolvem para, em seguida, colocá-los em outros mercados. Portugal também tem uma liga forte, com três ou quatro clubes brigando sempre pelas primeiras posições. É um local em que se consegue fazer um bom trabalho com destaque grande. Além disso, sua mãe é portuguesa e tem familiares vivendo por lá. Sua relação com Portugal vai além do futebol.

Desafios fora de campo são muitos, segundo ele. Acha que é preciso conseguir fazer trabalhos sólidos. Diz que o ganho esportivo é fundamental, mas no momento em que se consegue fazer um trabalho consolidado, no qual consegue-se interagir com todas as áreas, ter o respeito de todos os profissionais, da parte diretiva e dos atletas é fundamental.

"Esse é um grande desafio, conseguir ter o respeito de todos e implementar o seu trabalho. Não tenho dúvida que quando se consegue implementar o trabalho e ter o respeito dessas três áreas, que são os atletas, os profissionais e a parte política, o resultado vem. É a consolidação do seu trabalho, se você consegue ter resultado esportivo e é um trabalho que fica. Para entrar para história do clube, tem que ganhar títulos. Então, isso é fundamental para o gestor para poder se consolidar e ficar marcado dentro de um clube."

Sobre os conselhos que dá aos jovens que estão tentando ingressar no futebol, tem algo que sempre fala em suas palestras. Para quem está de fora é muito bonito trabalhar na gestão, só que a gestão de futebol é um trabalho muito duro, não se tem férias, folga e quando todo mundo está de férias, já se está planejando o outro ano. Diz que, sim, há momentos de alegria, mas dura muito pouco e acha que isso é o mais sacrificante.

Segundo ele, a alegria dura pouco quando se ganha um jogo num domingo e se perde na quarta; quando se é campeão num dia e duas semanas depois, quando inicia-se outra competição, é preciso se provar novamente e o que passou não serve mais. É uma carreira muito dura, na qual é preciso ter muita personalidade e força para encarar, porque a pressão é grande.

Sempre diz que cada ano de um profissional na gestão do futebol corresponde a quatro ou cinco de uma pessoa normal, porque não existem férias.

"Se você vai para a casa, o vizinho bate na sua porta e te pergunta, te questiona, o porteiro te questiona, no supermercado as pessoas te questionam, na rua, teus próprios parentes te questionam. É uma pressão muito grande para um momento de alegria que dura muito pouco. Não é fácil, mas as pessoas que estão de fora acham tudo muito bonito: "pô, olha lá, viaja, joga, que legal, ele tá no meio do futebol", só que o que se faz por trás para conseguir chegar lá exige muito trabalho e as pessoas não enxergam isso. Os momentos de alegria duram muito pouco."

Já para um jogador profissional, diz que o maior conselho que poderia dar é fazer a coisa certa. Para ele, um jogador hoje, acima de tudo, tem que ser um atleta. O conceito de que o jogador jogava só até os 32, 33 anos mudou muito. Relata que hoje, há jogador competindo em alto nível até os 40 anos. Se o atleta seguir uma vida regrada, treinar e se dedicar, vai longe. Acha que é o jogador tem que investir muito nessa questão do cuidado do corpo e da mente, se preparar de verdade. Reforça que o futebol tem desafios muito grandes, que não adianta ser só talentoso, pois se vê muitos jogadores talentosos que ficam pelo caminho e outros, medianos, que se cuidam e se dedicam, que são inteligentes, e que chegam longe na carreira.

Para um jovem que está começando na base, ressalta a necessidade de se ter personalidade, pois, segundo ele, as coisas acontecem com naturalidade para o jogador jovem. Lembra que antigamente era muito mais sofrido, enquanto agora o jovem começa a mudar a vida dele mais facilmente, pois começa a ganhar bem muito cedo, conta com o empresário, com as marcas esportivas, com a assessoria de imprensa, com os familiares, que daqui a pouco param de trabalhar, e ele já vira o chefe de família muito cedo. Acha que o jogador tem que continuar trabalhando, ter a cabeça centrada naquilo que quer e ter sempre metas estabelecidas a curto e a longo prazo.

"Quando a gente está dentro do clube, fica com o atleta três, quatro horas por dia, e, nas outras 20 horas do dia, ele está em casa ou fazendo outras coisas, então ele tem que lembrar que precisa dedicar mais horas para a profissão dele. Essa é uma grande dificuldade deles. Tem jogador jovem que reclama que tem que ir treinar, como se o treino fosse a pior coisa do mundo, quando aquilo tem que ser a coisa que dá mais prazer a ele. Não só o treinamento, como também uma outra atividade, pensar em outra coisa que vai ajudá-lo a melhorar sua performance."

Sobre a Think Ball, conta que fizeram muitas coisas juntos, mas uma situação que o marcou muito com Marcelo Robalinho, foi uma das últimas negociações que fez na sua época do Inter, que foi a do Patrick.

"É um jogador que o Marcelo fez um trabalho fundamental, um trabalho em que ele foi colocando esse atleta em diferentes clubes com níveis diferentes e sempre o potencializando. Ele sempre falava do Patrick e todo mundo tinha um receio, mas ele colocou o jogador no Caxias, no Goiás e depois foi pro Sport, e sempre conversávamos sobre ele. O Marcelo soube conduzir bem, sabia quando o jogador não estava pronto e, quando chegou a hora, conseguimos fazer o acerto e ele disse: "agora o Patrick está pronto para um time grande". Então, acabamos acertando e ele foi para o Inter, hoje com um destaque muito grande. O Marcelo soube esperar a hora para o jogador chegar no momento certo, porque, se ele chegasse antes, certamente não teria ficado."

Narra que Marcelo e a Think Ball conseguem fazer isso muito bem, quando eles nos oferecem um jogador, é um que eles acreditam que está pronto para aquele momento num determinado clube. Conta que outro jogador que marcou muito essa relação foi o Iago, o lateral com o qual trabalhou no Inter. Trouxeram ele para a categoria de base, ficaram trabalhando e desenvolvendo esse jogador. Conta que o Marcelo sempre soube esperar e trabalharam em conjunto para que Iago conseguisse chegar ao profissional. Lembra que subiram o jogador em 2017 e combinaram com o Marcelo que ele iria para o profissional, mas não iria jogar, então tinham que trabalhar bem a cabeça dele e prepará-lo para, no ano seguinte, ele jogar e depois sair.

E foi isso que aconteceu. Em 2017, o atleta jogou pouco, mas ficou o ano todo no profissional trabalhando e melhorando o que tinha de melhorar, e o Marcelo ajudou muito nesse processo de contato com o jogador, de passar para ele o que precisava evoluir. Essa relação que sempre tiveram, entre o clube e o Marcelo, funcionou muito bem. Acha que esse é um diferencial, porque, segundo ele, às vezes, o empresário liga e fala: 'pô, por que que meu jogador não joga? Por que isso? Porque aquilo?'. Diz que eles não entendem e não aceitam, mas que com o Marcelo não é assim, já que procura sempre potencializar o jogador para que ele possa ter um bom desempenho.

Uma carreira de extremo sucesso e comprometimento e que ainda não terminou. Só o tempo poderá nos dizer o quanto ainda esse profissional de excelência irá contribuir para o nosso futebol!

12

O crescimento não para. Só para quem quer, porque o futebol sempre apresenta novos desafios.

LUIS FELIPE XIMENES

Luís Felipe Ximenes, nascido em 1967 na terra do Rei Pelé, Mineiro de Três Corações, é especialista em Gestão de pessoas, graduado em Educação Física pela UFMG com mestrado em Educação, pela UNINCOR.

Passou por grandes clubes do futebol brasileiro, como Flamengo, Vasco, Coritiba, Vitória, Fluminense, Cruzeiro e Atlético Mineiro. Hoje, Ximenes é Superintendente de Esportes do Santos Futebol Clube.

Atualmente é um dos profissionais mais respeitados de gestão esportiva do país. Desde 2010, é membro do corpo docente dos cursos para formação de treinadores da Confederação Brasileira de Futebol.

É o criador do curso Gestor de Futebol: os desafios de uma função. Primeiro curso *online* promovido por um executivo de mercado no Brasil.

Sua vida se confunde com o esporte desde os 16 anos de idade, quando saiu de sua terra natal em busca do sonho de se tornar jogador de futebol. A partir daí, os caminhos do esporte e da vida o conduziram paras as mais diversas funções e modalidades esportivas, até chegar na gestão de futebol, onde se encontrou e segue até hoje.

"Desde pequeno, sempre gostei de organizar times e campeonatos."

A vontade, talento e o dom nessas organizações já davam pistas sobre seu destino.

O ponto que marcou a sua trajetória profissional foi o trabalho executado no Coritiba entre 2009 e 2013, quando foi responsável por reunir grande elenco, que conquistou o Tetracampeonato Paranaense. Foi um trabalho que trouxe visibilidade e credibilidade a sua carreira, com novos desafios e aprendizados, o que exigiu força e disciplina.

Quase no final de dezembro de 2013, foi escolhido e anunciado como o novo diretor executivo de futebol do Fluminense, mas após trabalhar pouco mais de um mês, foi demitido do cargo devido a divergências entre a diretoria do clube e a empresa patrocinadora.

"O trabalho que mais marcou a minha carreira negativamente foi a passagem relâmpago pelo Fluminense, quando fui contratado, demitido, recontratado e demitido novamente, em um período de 35 dias apenas."

Ele não se abateu com o episódio e acredita que a vida e a carreira no futebol sempre podem trazer surpresas e desafios. Sente-se aberto para novidades, caso elas aconteçam. E desafios também.

> "O crescimento não para. Só para quem quer, porque o futebol sempre apresenta novos desafios."

Com uma carreira cheia de sucesso, títulos, experiências e clubes de peso, ainda carrega o sonho de ser campeão da Libertadores da América

Segundo ele, um bom gestor nunca se contenta com um último desafio, mas fica sempre pensando em qual será o próximo.

Teve a oportunidade de trabalhar com diversos profissionais de renome. Cita Rafael Barreto, que hoje é o coordenador das categorias de base do Goiás Esporte Clube. Tem admiração e respeito por todos os profissionais com quem teve contato durante o longo período de sua carreira e faz questão de manter uma boa relação com todos eles.

Possui muito respeito pelo trabalho desenvolvido pelo presidente do Paraná, Leonardo de Oliveira.

> "Ele é um presidente jovem, arrojado e com excelente visão sistêmica do futebol."

Considera que a evolução tecnológica nos últimos 20 anos impactou o futebol de forma muito positiva, especialmente no que diz respeito à transmissão de vídeos. Considera que essa ferramenta foi responsável por um incrível avanço na análise de desempenho das equipes ao redor do mundo. E como se não fosse o suficiente, ele mesmo criou uma plataforma de trabalho.

> "Eu, particularmente utilizo uma plataforma de gestão esportiva, da qual detenho o capital intelectual de criação dela; chama-se SADE WEB."

Acredita que a maior evolução dentro de campo, nos últimos 20 anos, foi a "redução do campo" para o espaço máximo de 35 metros, onde 90% ou mais das ações são tomadas.

> "O jogo que mais me marcou como profissional foi a vitória de 6 x 0 do Coritiba sobre o Palmeiras em 2011, pela Copa do Brasil. Esse jogo marcou as vigésima quarta vitória consecutiva do Coxa naquela temporada e conduziu o clube paranaense a ser citado no Guinness book daquele ano."

Considera como o jogo mais marcante da sua vida a derrota da Seleção Brasileira na copa de 1982 para a Itália, por 3 x 2.

"Foi uma das maiores tristezas que já senti em toda a minha vida, por ver uma geração virtuosa ser derrotada em um jogo inesquecível."

Graduado, pós-graduado e com título de mestre, tem a opinião de que a formação acadêmica é importante, porém não é imperativa.

"Uma vivência não anula a outra."

Acredita na capacitação contínua. Também fala e escreve fluentemente em inglês e espanhol. Agora está estudando italiano. Por saúde e bem-estar, gosta de praticar corrida.

Gostaria de aplicar no Brasil um modelo de gestão no exterior do qual gosta muito, o da gestão do Manchester City.

Como gestor de futebol, considera ainda uma possível carreira no exterior, justamente por ter a mente sempre aberta a novos desafios e aprendizados. A mudança pode vir em todos os sentidos, segundo ele.

Tem vontade de trabalhar no mercado dos Estados Unidos. Admira o modelo da liga profissional, do país e da cultura esportiva.

Para ele, os desafios dentro de um clube são imensos e acha que conciliar a demanda de tempo exigida pelo futebol sem perder o convívio familiar é a maior das dificuldades.

Compreende que há muitas pessoas querendo ingressar na gestão do futebol, principalmente jovens e por isso mesmo deixa um bom conselho.

"Não planeje demais. As coisas que realmente transformam a nossa vida, são altamente improváveis. Viva, trabalhe e tenha foco."

Com base em sua experiência, aconselha que jogadores profissionais foquem totalmente na sua carreira enquanto a têm. Lembra e reforça que o período produtivo de um jogador profissional é muito curto e a vida pós carreira é muito mais dura do que parece.

Preocupa-se com os jovens de família que estão começando na base e sugere que eles se atentem, em primeiro lugar, em se formar como homens e cidadãos. Ressalta que não há garantia ou segurança sobre o futuro, mas se pode torná-lo melhor com atitudes corretas no presente.

Sobre um modelo de empresa de gestão do futebol, cita a Think Ball como um *player* importante do mercado brasileiro e Marcelo Robalinho, como *head*.

Marcelo vem conduzindo essa história de sucesso de uma maneira extremamente competente.

"Quero citar uma experiência interessante que tive com ele e um de seus atletas chamado Patrick, que hoje veste a camisa do Internacional. Robalinho soube conduzir a carreira desse atleta com maestria, até que ele alcançasse a matu-

ridade necessária para transformar todo seu potencial em performance. Ele sempre acreditou neste atleta e foi recompensado por isso."

Luís Felipe Ximenes não é apenas um gestor de futebol bem-sucedido, mas um ser humano ético, humilde e competente, de mente e coração aberto para a vida e para o futebol.

13

Sempre fui um apaixonado por futebol, fui aquela criança que jogava futebol onde morava, colecionava álbum de figurinhas de futebol, jogava futebol de botão, futebol de videogame, lia as revistas de futebol. Tudo, de alguma forma, estava relacionado ao futebol. E joguei: fui atleta de futsal, de futebol de campo, tive algumas conquistas de nível local e procurei a minha atuação profissional como gestor.

MARCELO PAZ

Marcelo é administrador de empresas, formado pela Universidade Federal do Ceará, proprietário de uma escola e diretor do Fortaleza Esporte Clube entre 2015 e 2017. Em 2017, também atuou como vice-presidente de futebol e depois assumiu a presidência do clube até os dias atuais. Pai do Marcel. Três vezes campeão cearense (dois como diretor e um como presidente), campeão da Copa dos Campeões Cearenses, acesso da Série C para a Série B em 2017, acesso da Série B para a Série A em 2018, título nacional brasileiro da Série B em 2018 e da Copa do Nordeste em 2019, além de novamente campeão cearense em 2020.

"Sempre fui um apaixonado por futebol, fui aquela criança que jogava futebol onde morava, colecionava álbum de figurinhas de futebol, jogava futebol de botão, futebol de videogame, lia as revistas de futebol. Tudo, de alguma forma, estava relacionado ao futebol. E joguei: fui atleta de futsal, de futebol de campo, tive algumas conquistas de nível local e procurei a minha atuação profissional como gestor."

Desde cedo, sonhou ser jogador de futebol. Treinou todos os dias até os 16 anos e depois seguiu para a graduação. Com o futebol no sangue, começou sua carreira no clube chamado Estação, que revelava talentos de categorias de base para colocar nos grandes clubes do país. Nesse clube, trabalhou numa espécie de investimento e direção técnica e, a partir dali, começou a conhecer mais do mercado de futebol. Foi visitar vários clubes do país, apresentou seu projeto, algo que lhe abriu portas, pois o permitiu desenvolver relacionamentos profissionais e boas amizades. O clube existia desde 1974 e sob sua gestão ganhou seu primeiro título no ano de 2012. Assim, Marcelo encontrou a forma de juntar suas duas grandes paixões: futebol e gestão.

Atuou como comentarista esportivo durante dois anos na rádio Verdes Mares, para a TV Ceará e TV Verdes Mares, Esporte Interativo e chegou a comentar alguns jogos. Ainda como comentarista, participou, durante dois anos, em um projeto chamado Copa TV Verdes Mares de Futsal, uma boa experiência na imprensa.

Estudou e se formou como radialista, o que lhe gerou aprendizado e maior proximidade com o esporte. No final de 2014, passou por uma eleição no Fortaleza. Já fazia parte de um grupo chamado Confraria Tricolor, grupo de apoio ao clube. Era uma forma de chegar mais perto da gestão. Esse grupo apoiou o candidato Jorge Mota à presidência. Na época, um dirigente reconhecido no clube e que ganhou a eleição. Depois disso, o grupo da Confraria indicou Marcelo para ser o diretor de futebol. Jorge ponderou, pois não o conhecia, mas depois de umas duas semanas como eleito, aceitou a indicação e ele assumiu.

Seu clube de coração. Desde a Série C, tem uma história que segue até os dias atuais. Diretor de Futebol em 2015, sendo campeão Estadual, Diretor de Futebol em 2016, sendo campeão Estadual e da Copa dos Campeões. Nesses dois anos, o objetivo principal do clube foi o acesso à Série B, sem êxito. Terminada a Série C de 2016, saiu do clube. Entendeu como um momento de mudança e retornou em março do ano seguinte com Jorge Mota reeleito presidente. Voltou em um momento difícil e conturbado, pois o clube não tinha começado bem o ano, mas aceitou o desafio porque acreditou que ainda tinha algo a dar ao Fortaleza, mesmo com o insucesso dos anos anteriores em relação ao acesso, mas tinha o bicampeonato Estadual.

Fez a campanha da Série C de 2017, já com a nova presidência.

"Havia assumido o Luís Eduardo Girão, um grande amigo meu, que nunca foi do futebol, mas foi chamado para esse desafio e me colocou como vice-presidente. Ele tocou a parte administrativa do clube e a parte de relacionamento, e eu toquei basicamente o futebol e conseguimos esse acesso tão esperado. Depois da Série C, ele renunciou. Teve que voltar para a família dele, que morava nos Estados Unidos, e eu assumi o clube a partir do final de 2017."

Iniciou como presidente com a contratação do Rogério Ceni até então, um treinador iniciante com uma pequena experiência no São Paulo, para um projeto do centenário do clube. Um novo elenco foi montado, já que o da Série C não era o ideal para jogar a Série B. Perderam o Campeonato Estadual para o rival, que tinha um bom time e haviam subido da Série B para a Série A no ano anterior, mas, posteriormente, conquistou o maior título da história do Fortaleza e do futebol Cearense, que foi a Série B de 2018, com a campanha de almanaque. Lideraram 36 das 38 rodadas, tiveram os 14 maiores públicos da competição e muitos jogadores na seleção do campeonato.

"Foi uma campanha belíssima, que deu muito orgulho ao torcedor do Fortaleza e um título inédito no ano do centenário. Viver o ano do centenário como presidente do clube foi algo muito especial, muito diferente, devido às festividades, lembranças, homenagens, todo o simbolismo desse ano, e eu ali com 35 anos nesse momento e celebrando um título muito bom."

No final de 2018, foi eleito para um novo mandato de três anos, triênio 2019-2020-2021. Prepararam o time para jogar a Série A com um investimento um pouco maior e conseguiram, em 2019, um ano histórico. Para muitos, o melhor ano esportivo da história do Fortaleza. Título Estadual em abril, da Copa do Nordeste em maio, foram para a Série A depois de 13 anos longe dessa competição.

Tiveram dificuldades naturais, mas atingiram uma campanha histórica: nono lugar, que foi a melhor colocação de um clube cearense na história da Série A e, de quebra, uma vaga na Copa Sul-Americana, inédita para o Fortaleza e para o futebol cearense participar de uma fase internacional de competição sul-americana.

Sobre as partidas que mais lhe marcaram nos últimos 20 anos, cita uma na Argentina. Jogaram a primeira fase contra o Independiente, dois grandes jogos, porém com um gol ao final do segundo tempo do jogo de volta, foram eliminados. Fizeram o primeiro jogo em Buenos Aires, um momento muito marcante, pois a torcida invadiu a capital argentina. Mais de três mil pessoas, famílias, idosos, crianças, casais, todos numa grande festa, uma grande celebração. Feitos que ficaram marcados em sua trajetória.

A primeira lembrança que tem é a do Palmeiras-Parmalat, da década de 1990, embora não contemple os últimos 20 anos. Acha que o *case* do São Paulo, de 2005 a 2008, é grandioso, porque foi um clube tido como moderno, com investimento em fisioterapia esportiva, em logística, manutenção de treinador, ídolos no clube, em conquistas esportivas, saúde financeira e venda de jogadores. Por isso, considera esse período do São Paulo glorioso, mas destaca a retomada do Corinthians em 2009, com a volta do Ronaldo, como um *case* muito interessante.

"Um gigante que tinha caído para a Série B. E quando voltou para a Série A, trouxe um dos maiores ídolos do futebol mundial com conquistas expressivas, que culminaram com o título mundial já sem o Ronaldo. A geração do Santos, também, de Robinho e Diego, um case diferenciado de revelação de talentos, de qualidade técnica, então eu escolho essas três. Mas, se for para eleger uma, fico com a do São Paulo que foi a mais longeva de todas."

Aponta como o *case* de impacto mais negativo o do Cruzeiro, considerando a grandeza da instituição, um clube que vinha de dois títulos de Copa do Brasil, presença constante em Libertadores, um elenco milionário e que começou o ano muito bem. Lembra que dizia no Fortaleza: *"Olha aí, o Cruzeiro está tão bem que não precisa contratar ninguém. O elenco está todo formado"*, mas não tinha conhecimento dos problemas internos que resultaram no rebaixamento do clube mineiro. Pensa que os outros times gigantes, que foram rebaixados em outros momentos – o Palmeiras, o Grêmio, o Corinthians e o Botafogo – não tinham bons times, mas o Cruzeiro tinha e, mesmo assim, pelo desequilíbrio administrativo, veio a queda penosa.

Apesar de já ter alcançado uma carreira de muito sucesso no futebol brasileiro, diz que se sente aberto a novos desafios. Considera-se jovem para um gestor esportivo, com 37 anos atualmente, e então acredita que pode ser surpreendido e estará de coração aberto para oportunidades novas em sua vida e, quem sabe, no futebol.

Se diz muito feliz com a trajetória que alcançou. Se para muitos, o período recente do Fortaleza é a página mais bonita da história do futebol cearense, pela quantidade de títulos, conquistas, de festas na arquibancada, de evolução estrutural, evolução administrativa, *marketing*, imagem, ele não quer parar por aqui. Ainda tem pela um ano e meio de mandato e a sede de vencer e de conquistar títulos é permanente e, por isso, gostaria, primeiro, de consolidar o Fortaleza na Série A do Campeonato Brasileiro.

Seu primeiro sonho, anteriormente, era disputar uma competição sul-americana, o que já conseguiu, agora quer disputar a Libertadores. Não promete isso para o torcedor, mas tem como um sonho e objetivo a ser alcançado na atual gestão, sabendo que o mais importante neste momento é manter o clube na Série A durante todo o restante da sua administração.

Nos últimos 20 anos, teve a oportunidade de conhecer e trabalhar com vários profissionais, construindo trabalhos, carreiras, experiências e grandes amizades. Trabalhou com alguns que já estavam no mercado local, como o Júlio Manso, que até voltou para o clube recentemente e cita outros nomes que considera de destaque.

"O atual executivo do clube é o Sérgio Papellin, um cara muito experiente, com uma história muito ligada ao Fortaleza e que já trabalhou em outras equipes do futebol, sobretudo o futebol nordestino e do Norte. Esteve no Remo e no Paysandu, um cara muito querido no meio. Mas eu vou destacar o Daniel Pessoa, meu atual diretor de futebol, que sempre foi um apaixonado pelo futebol, muito conhecedor, mas que nunca tinha sido diretor de futebol do clube. Ele tinha sido diretor jurídico da base, e eu o convidei para ser diretor de futebol, quando assumi a presidência e o mesmo tem feito um grande trabalho."

Nutre também grande admiração por Eduardo Bandeira de Melo, por seu trabalho no Flamengo, que considera um time gigante, com a maior torcida, muita mídia, mas resultados e gestão não muito festejadas. Explica que Bandeira conseguiu transformar o Flamengo na grandeza que é hoje, com trabalho técnico, profissional e com pessoas qualificadas. Pensa que mesmo sem as principais conquistas esportivas, obteve vitórias e transformou o Flamengo no gigante que é hoje. Segundo ele, era um gigante antes adormecido. Crê que o trabalho dele merece muitos elogios.

Cita o nome de Mario Celso Petraglia, no Athletico Paranaense desde 1995, que enxerga como um *case* sensacional de sucesso e com um diferencial, que é ter continuidade, o que não é possível na maioria dos clubes de futebol não tem. É da opinião de que Petraglia, como gestor quase que ininterrupto em todo esse período, transformou o Athletico de um time de bairro a um time de conquistas internacionais, título brasileiro, um estádio próprio moderníssimo e um CT sensacional.

Também menciona o Romildo Bolzan, do Grêmio, como muito bom, do tipo de pessoa que se enxerga à distância. Considera que Guilherme Bellintani, do Bahia, faz um trabalho muito qualificado e, antes dele, o Marcelo Santana, no próprio Bahia, iniciou a revolução de gestão no clube. Acredita que há bons casos de dirigentes no Brasil, qualificados.

Tem a visão clara do impacto da evolução tecnológica dos últimos anos na história do futebol.

"Para mim, a tecnologia que mais gerou impacto no futebol foi o VAR, que mudou a dinâmica do jogo e diminuiu muito os erros de arbitragem. Isso é estatístico, é numérico, na Copa do Mundo, no Campeonato Brasileiro, comparando 2019 e 2018. É a alteração tecnológica que mais impactou e que realmente causou uma espécie de revolução no futebol. Mas a nível de clube, eu acho que os softwares de gestão, de análise de desempenho e de prospecção de jogadores mudaram muito a dinâmica de avaliação do jogador, porque têm dados, têm estatísticas e têm vídeos por ações."

Lembra bem, ainda, como dirigente na Série C, quando tentou implantar o *site* russo Instat no Fortaleza. Conseguiu a implantação e pensa que era o único time do Brasil, na Série C, que tinha esse recurso e até hoje e ele serve para ajudar bastante na análise de desempenho.

Diz que dentro de campo tudo mudou, mas a mudança veio de fora para dentro. Segundo ele, as estruturas dos clubes evoluíram muito nos últimos 20 anos, algo inegável. Recorda de um relato do Botafogo e do Santos, que fizeram a final do Campeonato Brasileiro de 1995, de que o Santos, às vezes, treinava na praia. Afirma que os clubes evoluíram muito em nível de estrutura, treinamento, modernização e profissionais nos diversos departamentos. Os departamentos de futebol cresceram, passaram a agregar funções multidisciplinares (nutricionistas, analistas de desempenho, fisiologistas, psicólogos esportivos, podólogos etc.) e isso fez, dentro de campo, um jogo mais científico e mais estudado.

Conta que hoje, não se admite jogar contra um adversário sem ter feito o dever de casa: estudar, conhecer a escalação, possíveis substituições, características da bola parada, pontos fortes, pontos fracos, onde é a saída de bola, por onde o time ataca mais e assim por diante.

"Isso não existia há 20 anos. Era uma percepção mais visual, um olheiro que ia assistir a um jogo e anotava num caderninho. Hoje se tem acesso a muita informação, o que fez com que o jogo mudasse, a tecnologia e o suporte entraram no futebol e vão para as quatro linhas. Então, tem um jogo mais estudado, um jogo com bem mais ciência, sem perder, logicamente, a ludicidade, o improviso, o imponderável do jogo. Futebol é um jogo, então esse ponderável sempre vai existir, o talento, o improviso, mas, sem dúvida, é um futebol mais moderno do ponto de vista tecnológico e também do ponto de vista de análise de adversários e do próprio time, hoje você tem muito mais parâmetros e informações, dados e estatísticas para tomar decisões para o seu próprio time."

O jogo mais marcante em que trabalhou foi na final do Campeonato Cearense de 2015, seu primeiro ano como dirigente, aos 31 anos de idade. Se achava novinho para estar ali, primeiro time que ele ajudou a montar no Fortaleza. Foi uma final do Campeonato cearense, o Fortaleza completava quatro anos que não era campeão, o Ceará era o tetracampeão e havia sido campeão do nordeste naquela semana, tinha um timaço e, se eles ganhassem, seriam pentacampeões estaduais, algo inédito. Estava acontecendo um grande jogo, tinha vencido a primeira partida por 2 a 1, mas a vantagem de dois resultados iguais era dele, então, se ele ganhasse, seriam campeões.

"Nós fizemos 1 a 0 muito bem e dominando o jogo. Eles tiveram um jogador expulso e a gente teve a chance de fazer o segundo gol. 1 a 0 pra gente nessas circunstâncias: era 36 do segundo tempo e aí eles fazem um gol num chute de longa distância. Nosso goleiro falhou, eles cresceram no jogo e viraram o aos 44 do segundo tempo. Então, a gente, naquele momento, ia ser campeão. Eles viraram e seriam pentacampeões. Nós batemos um centro e empatamos o jogo, o famoso gol do Cassiano, que virou até música, o número 47 - porque a gente fez o gol aos 47, virou símbolo para a torcida do Fortaleza. Por que tão marcante? Pela alternância de emoções tão rapidamente. Clássico, estádio cheio, o time do Ceará era muito bom, até os 44 éramos campeões, aos 45 eles eram campeões, aos 47 nós voltamos a ser campeões. Foi muito marcante, muito impactante. No meu primeiro ano, no meu primeiro campeonato. Pra gente aqui é marcante demais."

Cita outro jogo marcante a nível local, que acompanhou como torcedor. A final do primeiro turno do Campeonato cearense de 2010, Fortaleza e Guarany de Sobral, no Castelão.

"Guarany de Sobral fez 4 a 1 no Fortaleza, perdeu o quinto gol, e o Fortaleza conseguiu empatar. Fez o 4 a 2 com 32 minutos do segundo tempo, fez o 4 a 3, o 4 a 4, foi pros pênaltis e o Fortaleza ganhou nos pênaltis. Essas reviravoltas do futebol, o imponderável, o que ninguém imagina, marca muito. Eu posso lembrar também daquele Vasco e Palmeiras, da Copa Mercosul, que o Palmeiras fez 3 a 0 no primeiro tempo e o Vasco virou por 4 a 3 no parque Antárctica, um jogo muito marcante também. Essas viradas ficam na história."

Menciona a formação acadêmica e especialização profissional como bem-vindas em qualquer área em que se atue. Segundo Marcelo, alguns profissionais aprendem muito na prática, o futebol é um esporte que tem muito disso: o ex--atleta que teve uma boa *performance*, que conviveu em um ambiente de vitória, de conquistas, de aprendizado e de derrotas traz uma bagagem de conhecimento, mas a área acadêmica é fundamental, é ciência, embasa, dá credibilidade, e *know-how*. Acha que é muito importante, pois ajuda a entrar no mercado e permanecer nele. Diz que, na verdade, o conhecimento abre muitas portas, seja o empírico, seja o acadêmico. Mas o acadêmico tem o seu valor.

Se quando menino era adepto das figurinhas e do futebol de botão, até hoje gosta de ler sobre futebol. Também aprecia palestras e se permite assistir várias palestras. Pratica hoje bem menos esporte, devido à escassez de tempo entre equilibrar o trabalho e as viagens com o lazer. Conta que adora jogar futebol: de jogar o racha, como se diz em seu estado, mas não tem praticado muito e nem idiomas, embora ache muito importante, para possíveis saltos futuros. Embora tenha conhecimento apenas básico, se comunica em inglês e espanhol, mas entende que deve se aprofundar mais nesses idiomas para ter uma possibilidade melhor de mercado e comunicação no exterior.

Se tiver a oportunidade, ficaria feliz em aplicar um modelo de gestão do futebol do exterior no Brasil, o modelo de *matchday* americano. Percebe com isso, o quanto se consegue transformar a experiência de jogo em uma experiência estendida, no ponto de vista de tempo. Com isso, afirma que as pessoas ficam mais tempo no estádio. Explica que estendida, no sentido de levar a família para participar, levar a esposa, os filhos. Considera um programa familiar e não é só um programa de um aficionado pelo esporte. Considera a diversidade de produtos, de ativações, de consumo, então gostaria muito de aplicar no Brasil.

Conta sobre sua vontade de passar uma temporada nos Estados Unidos e explica dois motivos: para aprender o idioma e para aprender essa experiência do *matchday*. Entender na prática, ver como que o americano enxerga o esporte e a promoção do evento. E não só o *matchday*, mas a gestão como um todo. Acha que o esporte americano pode ensinar muito, então tem esse duplo interesse. Diz que nem penso em dinheiro nesse sentido, mas no aprendizado.

A nível profissional, sonha um dia trabalhar num clube na Espanha, na liga espanhola, e poder atuar numa *Champions League*. Para ele, seria algo engrandecedor, mas sabe dos passos para isso. Diz que trabalhar em um país na Europa, não tão famoso no futebol, pode abrir a porta para uma liga maior, são oportunidades que considera interessantes e que lhe trariam satisfação pessoal e aprendizado muito grandes.

Seu maior desafio fora do campo é a gestão financeira, gerar o dinheiro necessário para investir num bom time, melhorar a estrutura, ter uma boa logística, remunerar bem os profissionais, contratar pessoas de qualidade, porque acha que se tem capacidade técnica de executar tudo isso, por vezes o dinheiro limita, dificulta, e o gestor, no caso o presidente, tem que usar boa parte do tempo para criar novos recursos, seja um investidor, seja criando ideias para o sócio torcedor ou produtos. Segundo ele, manter o financeiro em dia para conseguir os resultados esportivos é o maior desafio fora de campo.

Aconselha aos jovens que sonham entrar neste mercado de trabalho, que persistam em seus sonhos. Diz, que se você tem um sonho, um objetivo: vá atrás. Confessa que não é um mercado fácil e de muitas portas, mas é um mercado em expansão, já que a profissionalização dos clubes expande o mercado e se tem mais gente trabalhando em áreas de suporte. Aconselha a pessoa a se especializar, estudar, se aprofundar e se permitir o conhecimento. Ainda motiva, que se for convidado a um estágio remunerado, que vá. Sugere que doe seu tempo, invista em si. Conta que aprendeu na própria vida, que ninguém vai investir em você, enquanto você não investir em você mesmo antes. Diz: "Persistir no sonho, investir no seu conhecimento, ter a humildade de buscar o aprendizado, e naturalmente as portas vão se abrir".

Diria para o jogador profissional de futebol que tenha algumas práticas e cuidados que julga serem interessantes. Primeiro, tentar, de alguma forma, conciliar o aprendizado, o estudo, na formação, principalmente na de base, porque o atleta que tem conhecimento intelectual tem mais probabilidade de ter sucesso, e também, pós-carreira, vai estar mais pronto para uma segunda etapa da vida. Que se tenha muito cuidado com a gestão financeira da carreira, o dinheiro não é limitado, principalmente os que passam a ganhar muito rapidamente, que se cerque de pessoas que possam o orientar, que façam o dinheiro render, ter uma boa economia, porque esse dinheiro acaba. Diz que, infelizmente, todos sabemos de jogadores que, não só do futebol profissional, mas até da NBA, do basquete americano, após a carreira, entram em depressão, separação, dívidas, porque não souberam gerir, não souberam fazer o pé de meia e pensar no futuro, então a gestão financeira é muito importante, o preparo intelectual, de estudo e de conhecimento, é muito importante. E desenvolver sempre uma rede de relacionamentos, saber entrar e saber sair nos clubes, fazer amizades com jogadores, dirigentes, treinadores, com adversários, isso tudo tem um poder de atração muito positivo que vale para a vida inteira. Eu deixaria esses três conselhos.

Para o jovem que está começando na base, sugere que ele tente, ao máximo, curtir a caminhada. Conta que ele foi um atleta de categoria de base, e que traz amizades até hoje, experiências de vida, aprendizado, competições, vitórias, conquistas, viagens, algumas derrotas, que ele saiba curtir esse caminho. Aconselha fortemente a valorizar os professores, treinadores, treinamentos, adversários e se dedicar e persistir no sonho.

> *"Se quer ser jogador de futebol, persista, tente, treine, se você for muito talentoso, com muito treino você vai dar certo, se você não for muito talentoso, tem que treinar mais ainda, mas a persistência é uma arma dos vencedores. A gente viu muitos jogadores que não eram os mais exaltados na base, mas que depois viraram profissionais e conquistaram coisas muito grandes, porque a persistência, o curtir a caminhada, valorizar a família que está perto, valorizar os professores que estão ali para te orientar. Eu deixaria aqui estes exemplos aqui, a humildade. Às vezes, o garoto, principalmente aqueles mais talentosos, dá dois chutes e já pensa que é o Pelé (para usar um termo do futebol) e começa a perder a humildade, perder o foco, e isso é algo que precede o fracasso. É até bíblico, a soberba precede o fracasso."*

Cita uma boa história de negociação no futebol, que lhe trouxe experiência e boas surpresas.

Seu contato com a *Think Ball* e com o Marcelo Robalinho se deu com o atleta Matheus Vargas, que na época estava na Ponte Preta, mas pertencia ao Audax, e tinha a intenção de trazê-lo durante a Série A de 2019, a pedido do treinador, na época o Zé Ricardo. Conta, que estavam observando o jogador antes, na verdade, ainda com o Rogério Ceni e falou com o Robalinho por telefone algumas vezes. Primeiro, falou com o Otávio Tramontina, que trabalha com o Robalinho, e depois ele passou para o Marcelo Robalinho quando a situação andou um pouco mais. Narra que teve a oportunidade de ir à São Paulo, o Robalinho me recebeu no escritório dele. Diz que se impressionou com tudo, com a educação, com a gentileza, com o nível do Robalinho, com a estrutura do escritório, muito bonito e muito bem organizado, um padrão profissional; a divisão entre o escritório, só da área jurídica e a área do futebol. Depois, foram almoçar e um papo super agradável, correto e eu me impressionei muito positivamente.

Diz que Robalinho tem um perfil diferente de profissional, sem dúvida alguma, diferente de trato. Até a roupa, sempre num terno, numa gravata, foi pro estádio depois ver o jogo do Fortaleza e estava de terno e gravata, eu achei legal aquilo, características... Muito educado, muito competente, é um profissional diferente e que eu tive o prazer de fazer esse negócio. Deu certo, o Matheus Vargas veio para o Fortaleza, não era uma operação simples, porque dependia da Ponte Preta e do Audax, e o Robalinho teve a sabedoria de conduzir bem, atuou como um empresário deve atuar, juntando as pontas, assumindo a negociação, fazendo a negociação acontecer.

Foi uma experiência muito saudável, muito positiva, que, se tivermos outros negócios, tenho certeza de que vai seguir nessa mesma linha, mas se não tivermos, a amizade e o respeito já são para sempre.

Marcelo faz parte dos últimos 20 anos da história do futebol brasileiro, bem como sua carreira, sucesso e reputação. É um exemplo para tantos profissionais que almejam o meu nível de sucesso, conhecimento e experiências.

Quando uma pessoa cresce no futebol, vive para o futebol e sonha com o futebol!

74

Sempre tive a clara noção de que experiências em diversos níveis no âmbito do futebol profissional constituiriam valências fundamentais para o meu objetivo de carreira: ser Diretor Desportivo.

MÁRIO BRANCO

Mário Branco é lusitano, casado desde 1999 com Carla, pai de Mário de 18 anos e Maria Leonor de 12. Tem uma carreira de quinze anos no futebol internacional, que começa pelo Pontevedra como *scout*, Wisla Krakow, Zaglebie Lubin e C.S.A. Steaua, como coordenador de *scouting*, Leixões SC como gestor de ativos, FC Astra Ploiesti como Diretor Geral, Estoril SAD, HNK Hadjuk Split e Paok F.C., como Diretor Desportivo até os dias atuais.

Afirma que não existe um trajeto linear para ser Diretor Desportivo.

Foi motivado a entrar no mercado e na Gestão do futebol pela família. Seu pai o influenciou em três ocasiões distintas: durante o final dos anos 1980, década de 1990 e início do século, a entrar no Leixões S.C., clube de sua cidade natal e onde foi praticante. Confessa que essencialmente, tem o gosto pela modalidade e pela gestão desportiva. Diz que a vivência das dificuldades e desafios de um futebol diferente do atual, vividos na terceira pessoa, aguçaram a sua vontade de fazer mais e melhor, de uma forma profissional e profissionalizante.

No início de carreira, ainda durante a licenciatura em Relações Internacionais, estagiou num jornal diário desportivo (O Jogo) e, posteriormente, exerceu funções numa empresa de gestão e intermediação de carreiras desportivas (Promosport).

"Sempre tive a clara noção de que experiências em diversos níveis no âmbito do futebol profissional constituiriam valências fundamentais para o meu objetivo de carreira: ser Diretor Desportivo. Paralelamente, busquei, em Portugal e no estrangeiro, a oferta formativa disponível no início do século (1999/2000 e 2000/2001) na área do scouting e gestão de desporto profissional, e concluí pós-graduações em ambas áreas."

Na sequência, obteve as primeiras oportunidades em clubes profissionais, fora de Portugal, na Espanha, Polônia e Romênia, na área de *scouting*. A experiência internacional acumulada no sector, o permitiu chegar à Direção Desportiva no Leixões S.C. em janeiro de 2010.

Dos trabalhos realizados nos últimos 20 anos, o que lhe marcou, indubitavelmente, de forma positiva, foi o realizado no *Estoril Praia*, uma vez que, vindo da *II Liga Portuguesa*, conseguiram com que o clube atingisse a qualificação para a fase de grupos da UEFA Europa League, em duas épocas consecutivas, via quinto e quarto lugar no campeonato da *I Liga*, algo que ainda hoje é inédito na Liga Portuguesa.

De forma negativa, considera-se marcado pela descida de divisão de Leixões S.C. em 2010. Embora ele tenha chegado ao clube apenas no meio da temporada, o fato de não terem conseguido inverter a espiral negativa em que o clube se encontrava é algo marcante para ele.

Diz-se aberto e disponível para novos desafios e afirma, não ter qualquer dúvida de que ainda será, seguramente, surpreendido num novo desafio.

"A forma galopante como o desporto profissional está em constante mudança, bem como as variáveis extrafutebol, como a pandemia que assola o planeta, levam-me a encarar um novo desafio sempre com a certeza de que algo inesperado possa suceder."

Sobre realização profissional e pessoal, considera-se uma pessoa realizada. No entanto, mais do que ter sonhos, diz que ainda possui aspirações: ter a possibilidade de ocupar um cargo de gestão executiva, num dos três grandes clubes portugueses e na Premier League inglesa.

Em relação a profissionais com quem teve a oportunidade de trabalhar nesses últimos 20 anos, diz que não pode deixar de destacar a carreira do seu irmão, Américo Branco, sem querer parecer nepotista.

"Não posso deixar de destacá-lo. Aos trinta anos, leva já cinco épocas como diretor desportivo na II Liga Portuguesa, e apraz-me constatar a evolução que teve desde os tempos em que me assessorava no Estoril Praia, na área do scouting e do management. É um profissional que, pelas valências que apresenta, não hesitaria em incluir numa equipa de trabalho ou numa organização desportiva que liderasse."

Sobre profissionais e estatutários com quem trabalhou em clubes adversários, diz que em Portugal, destaca Antero Henrique, que se sobressaiu no FC Porto e esteve recentemente no PSG. Conta que a forma como este ascendeu até ao topo, dentro de uma estrutura muito tradicionalista, profissionalizando-a e preparando-a para os desafios emergentes, foi marcante.

Em termos internacionais, salientara o espanhol *Victor Orta*, atualmente no recém-promovido *Leeds United*, e que tem passagens assinaláveis por *Zenit*, *Elche* e *Middlesbrough*.

Quanto à evolução tecnológica que vivenciamos nos últimos 20 anos, diz que o impacto no futebol ocorreu de forma positiva, com o aparecimento de diversas plataformas de vídeo, edição e análise estatística, o que permitiu uma filtragem mais eficaz de potenciais alvos de *scouting*, bem como análises mais profundas e detalhadas do jogo, do treino e dos rivais. No entanto, acredita que potencializaram também uma visão americanizada de recrutamento, através de uma obsessão marcadamente quantitativa na análise dos dados e, como consequência, muitas vezes desfasada da realidade.

Utiliza com mais frequência o Wyscout e InstatScout, bem como *software* de controle e gestão integrada.

Em sua visão, o que mudou o jogo dentro de campo nos últimos 20 anos foi o fato de se assistir a uma crescente importância da vertente física e da vertente estratégica no jogo.

"Existe a dicotomia 'jogador de futebol' vs. 'atleta', com a consequente perda de alguma liberdade e criatividade do atleta. Para além disso, o jogo é cada vez mais jogado em espaços reduzidos, pelo que a vertente estratégica tem assumido uma importância vital. É cada mais um futebol de centro de treino/laboratório e menos um futebol de improviso, de rua. Como consequência prática, pode entender-se a progressiva extinção dos 'camisas 10'."

Sobre as partidas e jogos mais marcantes das duas últimas décadas, conta que um dos jogos mais marcantes que vivenciou na sua carreira foi Hajduk Split contra Maccabi Tel Aviv, relativo à segunda mão do *playoff* da *UEFA Europa League* 2016/2017. Depois de terem perdido em Tel Aviv por 2 a 1, venceram em *Split* também por 2 a 1 e foram eliminados nas grandes penalidades, mesmo tendo o goleiro defendido três grandes penalidades. Estava no início do seu percurso no Hajduk, narra que tinha apenas três meses no cargo e estavam a uma grande penalidade (desperdiçada) de fazer história, uma vez que o clube nunca esteve na fase de grupo de uma competição da UEFA, desde que são jogadas no atual formato.

De resto, conta que, sem surpresa, um dos jogos que mais marcou a sua personalidade futebolística, foi a semifinal da Copa do Mundo em 1982, entre o Brasil e a Itália. Apesar de ter apenas sete anos, naquela altura, conta que foi um jogo marcante e inesquecível, tanto estética e qualitativamente, como pela sensação de "injustiça" que sentiu pelo resultado final.

Tem opinião firme sobre a percepção universitária, de que a formação acadêmica é essencial em todas as funções, mas pensa que é um pouco redutor em qualquer indústria, atribuir um percentual superior de importância a ela, deixando de lado o aspecto da experiência (ou experiências) ou sensibilidade inata.

"Acredito que a chave para a sobrevivência e destaque para a gestão desportiva, e neste caso no futebol, passa sobretudo pelo equilíbrio de ambas as vertentes. Isto é, a potencialização das qualidades principais de cada um, que naturalmente vão evoluindo com a experiência profissional; tentando, ao mesmo tempo e sempre que possível, procurar uma base formativa, na qual podemos nos basear e aplicar praticamente."

Diz que essa questão do "empírico *vs* acadêmico" é, e será, certamente um debate recorrente nas indústrias de muita especificidade e ausência de parâmetros acadêmicos e profissionais convencionais, mas como se referiu, na sua opinião a melhor forma de maximizar o sucesso e profissionalismo passa pelo entendimento de qual a vertente que se necessita mais se desenvolver em busca do equilíbrio.

Sobre cursos de atualização profissional e suas próprias atividades e desenvolvimento pessoal, conta que essencialmente na fase inicial da sua carreira no futebol profissional, frequentou vários cursos de atualização profissional nas áreas de *scouting* e *coaching*, bem como pós-graduações em Gestão de Desporto Profissional e Gestão e Administração de Empresas Desportivas.

> *"Atualmente, a minha ligação à área formativa continua, uma vez que sou prelector no curso de Direção Desportiva organizado pela Portugal Football School da Federação Portuguesa de Futebol, bem como na Pós-Graduação em Gestão de Desporto Profissional organizada pela Liga Portugal."*

Diz que resultante da sua experiência profissional no estrangeiro, não frequenta actualizações linguísticas e domina com fluência, presentemente, seis idiomas.

Relata que pratica esporte, mas não tanto como gostaria. Futebol com amigos e treino individualizado sempre que pode.

Sobre modelo de gestão no exterior, diz que tem alguma curiosidade em testar um modelo similar ao da Red Bull no futebol português. Mais concretamente, um modelo similar ao RB Leipzig e RB Salzburgo, apoiado num *scouting* agressivo e precoce, modelado no processo de formação de jovens jogadores, numa ideia de jogo transversal e com princípios que remontam à raiz do futebol de improviso, de criatividade.

Com quase toda a carreira no exterior, menciona que sempre teve vontade de testar a sua capacidade de análise, observação e, posteriormente, de gestão e organização em diferentes contextos, com variáveis distintas e até realidades culturais e religiosas que afetassem e condicionassem o esporte profissional.

Diz que os desafios dentro de um clube são imensos na área da gestão desportiva, por inerência da pressão resultadista a que estão subjacentes. Nesse sentido, acha que é importante tentar manter um código de conduta profissional e comportamental, baseado em ideias chave: frieza nos momentos de decisão; manutenção de independência moral e de pensamento; gestão racional do tempo pessoal; promoção da comunicação, gerindo os contatos e antecipando a informação vital para o sucesso.

Aconselha pessoas que querem ingressar na gestão do futebol, dizendo primeiro que a crescente profissionalização do sector traz uma maior exigência e competitividade para os gestores e também para quem quer se preparar para entrar nele; no entanto, fazendo um paralelismo também com o seu percurso de carreira, recomenda que os jovens e aspirantes a essa gestão procurem idealizar o tipo de gestor e/ou diretor que pretendem ser, que façam uma análise do seu perfil e valências e que, por fim, entendam o que é necessário para chegar a essa oportunidade que ambicionam.

"Obviamente, que entendam que o caminho não é feito em "linha reta" e será necessário absorver o máximo de experiência/formação possível nesse percurso. Muitas das vezes até em subáreas que podem parecer pouco relevantes para o que se deseja, como a área técnica, dos media, ou até financeira/corporativa. Acredito que a autoanálise, um plano relativamente bem traçado e exequível, e a absorção de todo o tipo skills relacionadas com o fenómeno, podem promover uma maior capacidade de resposta cabal no momento em que a oportunidade profissional desejada ocorrer."

Quanto a aconselhar um jogador de futebol, diz que o maior obstáculo para um profissional de futebol reside numa fase inicial, em termos técnicos, na dificuldade que a grande maioria tem no ano de transição de júnior para sênior, uma vez que o choque competitivo é grande e a diferença é enorme em nível de jogo jogado. Consequentemente, muitas vezes os primeiros anos são de relativa "rejeição" e acabam por perder-se alguns atletas por ausência de continuidade e de estrutura mental.

"Numa fase em que a carreira já está em curso, fase intermédia, penso que o maior desafio consiste na crescente mediatização do jogo e da indústria, que muitas vezes causa um progressivo endeusamento do jogador pela entourage que o rodeia, transportando-o para um estado de graça que por vezes conduz a uma noção desfasada da realidade, fazendo com que se desfoque das bases necessárias para manter o nível como atleta de alta competição."

Conta que algo que muito comum é que o atleta não tenha a clara noção, nem se prepara para as dificuldades do pós-carreira. Muitas vezes, a carreira é prolongada até um ponto insustentável, tendo se a sensação de que é algo "natural" continuarem ligados ao fenômeno de qualquer forma, mais pelo que foram no passado e não pelo que podem ou devem acrescentar numa nova função no futuro.

Pensa que, globalmente, o melhor conselho que se pode fornecer a um jogador profissional, é que ele entenda e consiga, tanto quanto possível, precaver-se para todos os momentos que podem acontecer no decurso da carreira, antecipando o melhor e o pior cenário.

"O futebol é recorrentemente superficialmente entendido como um mundo/carreira apenas revestido de casos de sucesso, ou sucesso extremo, o que não corresponde à realidade dos factos, correspondendo apenas a uma minoria dos casos."

Para um jovem de família, que está começando na base e às respectivas famílias, pensa que o melhor conselho que pode dar é que desfrutem do jogo e se divirtam, sobretudo quando começam a jogar. Segundo sua experiência, na maioria dos casos, a pressão extrema da família, desde cedo, agudiza ainda mais a pressão inerente ao jogo e à indústria em si mesmo (agentes, transferências, contratos milionários etc). Parece-lhe que muitas vezes essa pressão é um dos maiores inimigos do desenvolvimento do jogador.

Diz que apesar do respeito e admiração profissional que nutre por Marcelo Robalinho e, por inerência, pela Think Ball, não foram muitas as operações que efetuaram juntos. No entanto, não deixa de salientar a forma como se conheceram: no início de 2010, na sua entrada no Leixões S.C. como diretor desportivo conheceu o Marcelo, pois havia um litígio entre o clube e um jogador da Think Ball que o Marcelo havia transferido no verão de 2009 para a Grécia.

"Era a minha primeira experiência como DD e, não sendo um caso de fácil resolução, não esqueço a tremenda elevação, profissionalismo e até paciência, que o Marcelo Robalinho demonstrou comigo durante o processo. Foi algo marcante na minha primeira experiência executiva e foi o ponto de partida na solidificação da amizade e admiração que nutro pelo Marcelo e pelo seu imaculado percurso profissional, consubstanciado na inovação que tem trilhado no mercado da representação e intermediação através da Think Ball."

Mário Branco é um exemplo de gestor do futebol do nível internacional, com carreira baseada em conhecimento e experiência na prática. Um exemplo de abertura e disponibilidade sempre para o novo sempre.

Para gestores que ainda não tiveram a oportunidade de se desafiarem lá fora, a carreira marcante de Branco certamente serve de inspiração, modelo e um sonho a ser seguido.

15

Eu sou muito mais do processo genuíno, que é de onde você vive. Eu vivo no Brasil, então os meus métodos têm que ser brasileiros.

PAULO ANGIONI

Paulo Angioni é um profissional que viveu a vida para o futebol. Começou como supervisor e está no futebol desde 1980 como diretor. Hoje com 73 anos, é casado há quarenta anos e pai de uma filha de trinta e oito.

"Tenho apenas uma filha e me sinto muito feliz com ela, que é médica e uma profissional de respeito. Sou feliz na vida de casado, com uma família bem constituída, que soube me dar suporte nesses meus quarenta anos no mundo do futebol, já que não é fácil diante das ausências que a gente tem."

É formado em Psicologia e fez curso de Administração Esportiva na PUC. Quando atleta de futebol de salão, foi convidado a desenvolver um projeto no Clube Municipal, no Rio de Janeiro.

O curso e o projeto se desenvolveram ao mesmo tempo ele se encantou com o que estava fazendo: trabalhando com basquetebol e futebol de salão. Pouco depois, foi convidado para um grande clube de futebol a fim de atuar na parte olímpica, no basquete e no futebol de salão.

Recebeu dois convites para trabalhar, um do Flamengo e um do Vasco, e fez a opção pelo Vasco. Da base foi para o profissional, no início de 1981, como supervisor, e está até hoje nesse mundo, mas como o mesmo prazer e com a mesma dedicação e entrega de quando começou na função.

A vontade e sonho de abrir as portas para a Psicologia o levaram ao mundo do futebol. Tinha a clara compreensão de que se começasse como psicólogo o caminho seria mais difícil. Já como um profissional da área de supervisão e ou de gerência, seria um pouco mais fácil.

E assim foi. Começou a ter voz e a implementar um serviço de Psicologia no Vasco em 1982. Não que tenha sido o pioneiro, já que o Guarani de Campinas desenvolvia esse trabalho, mas sentia que precisava ampliar o trabalho para outros lugares. Sua motivação foi a ideologia em si, de abrir espaço para a psicologia e hoje está plenamente satisfeito com isso, porque todos os clubes no Brasil agora têm o segmento da psicologia, além de já cogitarem ter um psiquiatra, o que considera muito válido.

Motivado pela Psicologia acabou fazendo a vida no esporte. Iniciou sua carreira no mundo do futebol em 1979, no Vasco da Gama, onde ficou por 14 anos até se mudar para o Flamengo. Após quatro anos mudou o rumo para o Corinthians, depois para o Palmeiras, novamente para o Corinthians, Bahia e em seguida Fluminense.

No período do Vasco serviu a Seleção Brasileira na Copa América de 1989 e na Copa do Mundo de 1990, transferiu-se para o Flamengo em 1993, depois teve uma passagem curta no Corinthians em 1997.

Foi para a Parmalat e ficou por dois anos e meio, foi ao Fluminense em 2000, ficando até 2002; depois voltou ao Flamengo em 2003; retornando ao Corinthians em 2004, onde ficou até 2006.

Após o Corinthians, teve a oportunidade de fazer um período sabático.

Depois disso, focou numa reinvenção profissional, no Olaria Atlético Clube, no Rio de Janeiro, um clube quase centenário na época. Do Olaria foi para o Esporte Clube Bahia, onde ficou de 2010 a 2013, e mais tarde, voltou ao Fluminense. Em 2014, ao Vasco, e hoje está novamente no Fluminense.

Dos últimos 20 anos de trabalho, considera o mais significativo o trabalho no Bahia, pois foi o início da reconstrução do clube. Enxerga como algo pontual em sua vida profissional.

"O Bahia é coisa de cinema. Dá prazer de ver. Já de alguns anos é possível perceber a recuperação do clube, sendo um case de grande sucesso. Eu fui pra lá em 2.010, quando as dificuldades eram muitas. Mesmo assim, depois de sete anos transitando entre Série C e Série B, o que era angustiante para a torcida maravilhosa e considerando o gigantismo do Bahia no Brasil, ver hoje o estágio em que se está é extremamente significativo para todas as pessoas que passaram por lá e que construíram e que ainda estão construindo no clube."

Ele conta que o Bahia está literalmente construído sob ideias novas e trabalhos marcantes, o que tem como um privilégio em sua carreira. Foi a primeira vez que trabalhou no Nordeste do Brasil, gostou muito da experiência e da cidade acolhedora. Conta que tudo conspirou de forma favorável e acha que ali foi o início de uma reconstrução. Depois, outras gestões vieram com brilhantismo e só fizeram o Bahia crescer, sendo hoje uma referência nacional.

Como experiência negativa, cita quando saiu do Fluminense e foi para o Vasco. Como tinha um compromisso com um grande amigo, que na época era o diretor, fez uma escolha pelo coração e pela gratidão que tinha e ainda tem à pessoa até hoje, que é o José Luís Moreira.

"Pelo trabalho em si foi uma troca muito ruim. Eu achava que a minha permanência no Fluminense ia dar saltos melhores do que a minha transferência para o Vasco, e eu fui muito mais pela gratidão ao Zé Luís e pelo compromisso que eu já havia assumido com ele antes de o Fluminense me convidar. Talvez, nesses anos todos, esse tenha sido o passo mais equivocado que eu dei, não pela gratidão, isso eu estou extremamente contemplado, mas pelo trabalho em si."

Sobre novos desafios, afirma que a vida é cíclica. Aprendeu cedo a compreender que nunca se sabe tudo, mas se está sempre aprendendo. E segue esse raciocínio. Em determinado momento da vida entendeu que tinha que se aliar à juventude, e assim o fez. Construiu algumas coisas junto com os jovens, o que lhe proporcionou alicerces na área da discussão do futebol.

Criou no Bahia um ambiente de conversas sobre o novo e explica que para muitos o novo era uma aposta. Ele fazia o contrário, dizendo que o novo não era uma aposta, mas uma realidade de que o produto futebol precisava, independentemente da idade. O novo ao qual se referia é uma nova mentalidade, por isso se juntou aos jovens de 20 e poucos anos de idade com capacidade cultural, acadêmicos e que discutiam futebol. Esse foi o primeiro projeto, que se chamava "O novo não é aposta".

Chegou em abril de 2010 e no final do ano o Bahia foi contemplado com o acesso para a Série A, depois de sete anos transitando entre a Série B e a Série C. Isso foi marcante em sua história. Em seguida, passou por outro desafio, que era a Série A. E nessa série, o primeiro treinador acabou precisando ser liberado com um mês de trabalho devido a algumas animosidades: o resultado não vinha e ele era taxado como aposta.

"Aquilo marcou a minha vida, e aí eu construí esse curso 'O Novo Não É Aposta', porque eu queria contradizer todo mundo que falava que o novo era aposta. Eu fui na contramão durante um bom período, mostrando que não, que o novo não era aposta, mas uma realidade e que o futebol precisava do novo. Mas volto a afirmar: não um novo de idade, mas o novo de mentalidade. As pessoas mais antigas tinham espaço para debater isso. O segundo projeto fiz, também com jovens - um deles hoje é o treinador do Coritiba, o Eduardo Barroca -, foi o 'FUTLink', um ciclo de debates sobre o futebol, e nós ficamos três anos o desenvolvendo e foi muito gradativo. Isso me deu mais entendimento com o novo que chegava ao futebol. Foi algo bastante satisfatório para mim."

Considera-se uma pessoa realizada na carreira, mas ainda sonha em melhorar o mundo do futebol, porque acredita que pode e deve melhorar. Acha que ainda há hipocrisia, mentira e falta de ética no futebol e sonha que isso venha a mudar. Espera ver a coisa mais limpa e que os clubes sejam menos sacrificados.

Sempre foi de clube, continua sendo e nunca saiu. Pensa que as instituições têm que ser mais respeitadas e compreendidas, e isso é uma missão que acredita que ainda irá cumprir. Paralelamente ao trabalho que exerce, busca um maior respeito às instituições e aos clubes. Diz que o futebol virou um negócio, mas que precisa de respeito das partes envolvidas em qualquer tipo de negociação.

De tantos profissionais com quem teve a oportunidade de trabalhar, destaca nesses últimos 20 anos, Fernando Diniz e Eduardo Barroca. Conta que são pessoas com quem conviveu bastante, um como jogador e o outro como auxiliar, membro de comissão técnica. Foram os profissionais que construíram com ele os dois cursos: o 'FUTLink' e o 'Novo não é aposta'. São pessoas que ele afirma credenciar.

Dessa juventude que está hoje na base, cita o Antônio Garcia, gerente da base do Fluminense, que considera um bom profissional e que acredita que irá crescer consideravelmente. Cita o Lucas Magalhães, profissional que está hoje na Cabofriense, com quem trabalhou um período no Bahia. Diz que o vê em um futuro breve despontando, como executivo de um grande clube. Segundo ele, tanto um quanto o outro são muito bons profissionais na sua área.

Sobre profissionais que estão no time adversário, destaca Anderson Barros que viu começar no Flamengo e hoje está no Palmeiras.

"Estou falando de pessoas com quem eu tive o prazer de conviver. O Anderson, eu convivi um pouco no início da vida profissional dele. O Lucas, eu conheço o trabalho e me aproximei dele para troca de ideias e conversas: ele me pedia opiniões. Então eu conheço muito da intimidade do Lucas. Já o Antônio, que é outra referência, trabalhei com ele no Vasco e, agora, estou tendo o privilégio de voltar a trabalhar com ele aqui no Fluminense, ele como gerente da base do futebol."

Sobre o impacto das tecnologias nos últimos 20 anos, comenta de um maior aferimento da saúde e diz que gosta desse efeito no futebol, ressaltando duas valências que são muito importantes, senão as mais importantes para ele: a saúde física e um melhor cognitivo e inteligência do atleta.

Considera que com o avanço da tecnologia, se consegue mensurar melhor, principalmente em termos de saúde. Segundo ele, as máquinas que são produzidas hoje dão uma consistência bem maior para se analisar a capacidade do atleta: em que nível de *performance* que ele pode chegar. Diz que o jogador de futebol de hoje não é mais só um jogador, mas um atleta-jogador. Então, esse atleta-jogador precisa ter a saúde ao lado dele e o nível de inteligência latente, pois segundo ele, o futebol é tratado a partir do entendimento de jogo e da necessidade de mudanças de variâncias de jogo, e para isso o cognitivo e a inteligência do jogador têm de prevalecer.

Fala ainda que o avanço tecnológico trouxe ferramentas para que se consiga mensurar uma série de coisas, inclusive os avanços na área estatística, *scout*, no acompanhamento que se pode ter dos jogadores através de plataformas inteligentes, que dão dados suficientes para se avaliar melhor a possibilidade de adquirir o atleta e ver sua *performance*, sendo que antigamente era algo artesanal. Com isso, a probabilidade de erro diminui bastante.

Ele mesmo gosta de utilizar ao máximo a tecnologia como ferramenta de apoio.

"O Fluminense trabalha com o Wyscout e estamos sempre produzindo coisas novas. Hoje os clubes têm necessidade de conhecimento. Cada um busca o seu, e isso precisa ser de forma inteligente. São as pessoas que vão fazer esse monitoramento e isso acontece no mundo inteiro. O mercado comprador observa

se, além de se ter as ferramentas, se tem a capacidade financeira de mandar seus observadores e scouts em todas as competições que existem. E quando esses clubes descobrem um jogador qualquer, através de alguma plataforma, pede-se para os scouts irem para o país onde o jogador se encontra, para acompanhá-lo num monitoramento. Hoje é muito difícil não ter um jogador que esteja sendo monitorado por alguém, exatamente por causa desses avanços do futebol junto às ferramentas tecnológicas."

Além do avanço tecnológico, fala sobre o que mudou dentro de campo.

Diz que hoje há várias modificações de jogo, que se tornou mais dinâmico, com mais contato, e por isso a necessidade de o jogador ter uma saúde exuberante. Segundo ele, o jogador que não tem alta *performance* ou não consegue manter seu alto condicionamento, tem prejuízos visíveis. Para ele, há uma diferença entre se entender futebol de força e futebol de saúde: a saúde é primordial e a força, no seu entendimento, é outra coisa, é agregada. Opina que a saúde tem que ser desenvolvida de uma forma tal, que o jogador de futebol seja, antes de qualquer, coisa um grande atleta.

"Um futebol de força pode ser gerado por um futebol de contato, no qual a força física predomina, mas se pode ter uma força grande no contato e não ter uma grande saúde de performance para manter essa força que você tem no contato durante os noventa minutos, por isso que eu separo um pouco. Eu acho que o atleta que tem a força e não tem a saúde, é um jogador que tem pouco tempo de utilidade dentro do campo, já o outro que alia a qualidade de saúde dele com a força, esse é mais perfeito para mim. Mas a mudança que eu entendo ser mais significativa foi que o futebol passou a ter muito mais dinâmica, é um futebol muito mais intenso, e que necessita, fundamentalmente, da saúde do atleta. Sem falar nas variações de jogo que foram criadas, a modernidade dos avanços nas mudanças táticas da equipe, variações novas que surgiram na montagem de equipe, isso tudo é novo também, está sendo bem desenvolvido. Mas eu acho que a grande sacada do futebol é se trabalhar com o jogador que é um grande atleta. Essa, para mim, é a grande sacada da mudança que teve no futebol."

Sobre as partidas de futebol mais marcantes, menciona dois jogos.

Em um, ele trabalhava no Vasco e foi no Campeonato Brasileiro conquistado pelo Fluminense em 1984, que, segundo ele, foi exuberante; quando o Fluminense se consagrou campeão, e ele estava do outro lado.

Em outro jogo, que estava do outro lado também, lembra do gol de barriga do Renato. Conta que estava no Flamengo e o Fluminense foi campeão carioca com esse gol antes construído por Aílton, que chutou e Renato entrou de barriga.

Outro jogo que chamou sua atenção, foi no campeonato de 1981, talvez um dos jogos mais emocionantes que viveu, com 90 mil pessoas no Maracanã. Ele lembra que tinha caído um dilúvio no Rio de Janeiro, o rio transbordou e, mesmo assim, o estádio ficou cheio. O Flamengo jogava pelo empate e o Vasco fez um gol aos quarenta e três minutos do segundo tempo. A torcida do Flamengo já estava gritando "é campeão". O Vasco tinha que ganhar três jogos para ser campeão, ganhou o primeiro, ganhou o segundo por 1 a 0 com esse gol aos 43 minutos do segundo tempo, aliás, diz ele, que esse jogo foi o segundo da final de 1981.

Cita, também, alguns jogos de conquistas que foram muito marcantes, como o da Libertadores, pelo Palmeiras, no Parque Antártica, um jogo decidido nos pênaltis que foi bem emocionante; o do título Copa do Brasil, também pelo Palmeiras, com gol do Oséas quase aos 45 minutos do segundo tempo contra o Cruzeiro. Durante esses anos, conta que foram vários jogos marcantes para ele. Dos mais recentes, lembra de um jogo histórico, em 2011, do Bahia contra o São Paulo, em que o Bahia perdia de 3 a 1 e virou para 4 a 3. No Fluminense, a vitória contra o Grêmio, no Campeonato Brasileiro de 2019, também foi uma virada histórica, um jogo extremamente emocionante, um 5 a 4.

Dentre tantos pontos importantes no futebol, sobre a formação acadêmica, menciona que hoje não tem mais espaço para o empírico, apesar de o futebol não ser ciência exata, atualmente, se não se trabalhar com inteligência e pessoas com capacidade e de boa formação acadêmica, não se consegue mais desenvolver futebol. Fala da quantidade de cursos que são realizados, visando cada vez mais ao aprimoramento do profissional. Reitera que a CBF tem cursos excepcionais e muito bem administrados. Exigências, inclusive, de formação, que se o indivíduo não tiver, não consegue trabalhar.

"Só isso basta pra se entender que não tem mais como a pessoa trabalhar sem informação no futebol, até porque a clientela de jogadores passou a ser mais exigente; o jogador hoje no seu nível pessoal, seu nível de pensar, com a exigência que você faz hoje de buscar cognitivo alto, em especial, cresce, e cresce com um nível de exigência também alto. Então, não tem jeito. No futebol hoje, só se consegue trabalhar como gestor de grupo, se for dentro como fora do campo e também com pessoas que trabalham sustentando o futebol, como fisiologista, preparador físico, pessoas têm que ter um nível muito alto e muito próximo da ciência. É o caso do treinador, que tem que ter sempre, primeiro, um bom gestor de ambiente e, segundo, no mesmo nível, um profissional com balizamento alto de conhecimento, até para que ele possa conviver e convencer os seus jogadores."

Sobre suas atualizações, diz que hoje em dia atua mais como palestrante do que qualquer outra coisa, utilizando-se de toda a sua experiência construída. Mas foi se especializando e buscando novos conhecimentos, principalmente na área corporativa e na iniciativa privada. A primeira vez que começou a fazer cursos foi na Fundação Getúlio Vargas, mas nessa época já era bem formado no futebol.

"E aonde vai o meu aprendizado constante? Vai através do atleta. O atleta sempre foi a minha grande referência, eu aprendi muito com os jogadores e até

hoje me ensinam muito, porque são pessoas diferentes que vivem num mesmo ambiente e eu tenho que compreender todos. Eles são exercícios constantes para mim. Com a minha idade, já tenho uma boa velocidade de raciocínio, porque exército isso há quarenta anos, o que me traz uma boa performance. A agilidade muito em apresentar soluções, porque os problemas aparecem para mim da noite para o dia. Eu sou, às vezes, abordado por um jogador que me apresenta um problema que eu desconhecia que ele tinha, e eu tenho que dar uma solução imediata. No futebol, com o 'depois' você perde credibilidade; 'depois eu te falo', 'depois eu vejo', com isso você perde credibilidade. O meu dever é ter sempre um bom relacionamento com os atletas, eles fazem parte do meu mundo. Eu tenho que dar soluções sempre, então o meu exercício é constante, e esse exercício, em toda a minha vida, foi feito através dos jogadores."

Sobre modelos de gestão do exterior, conta que não gosta muito da importação, mas das coisas genuínas. Diz que há um conceito diferente lá fora, através até da própria educação. E pensa que nós conhecemos o esporte como é aqui, valorizando a genialidade do jogador. Muitas vezes, se esquece o homem por trás dessa genialidade; por isso, algumas imperfeições aconteceram, mas isso tudo em virtude dos valores que se criava na educação de vida. Diz que não tem como importar um modelo que é feito na Inglaterra para o Brasil, porque a cultura da educação é totalmente diferente.

"Eu sou muito mais do processo genuíno, que é de onde você vive. Eu vivo no Brasil, então os meus métodos têm que ser brasileiros. O que eu posso trazer de lá são exemplos de sucesso, 'pô, o cara alcançou o sucesso assim', aí tudo bem. Agora, modelar o que está lá para cá, eu não gosto de fazer, não; gosto de pegar coisas esporádicas e tentar ver se eu consigo adaptar aqui. É uma questão de regra; a regra é para ser cumprida, mas no futebol, nem sempre todas as regras são cumpridas, até porque você esbarra em várias coisas. Você esbarra no seu interno, que precisa da regra, mas o seu externo perdoa muitas vezes aquela pessoa que não cumpre a regra, mas que faz alguma coisa que satisfaz o externo. E aí essa regra é sucumbida, e aí você fica sempre numa encruzilhada e tem que mediar muito. É por isso que eu não gosto de copiar, eu gosto de trazer modelos e tentar adaptá-los aqui, respeitando as culturas que são diferentes."

Questionado sobre uma possível carreira em outro país, diz que não idealiza nada em relação ao exterior, e se viesse a pensar, optaria por trabalhar em Portugal, que é um país de que gosta muito, bem como do povo português e das cidades. Conta que Portugal é um país muito atraente pelo fato de ter trabalhado anos no Vasco e ter tido várias incursões por lá, onde conheceu pessoas amáveis. E afirma que gosta do futebol nesse sentido, por ser a porta de entrada para a Europa.

Sobre os tantos desafios fora de campo, menciona que a pressão externa existe sempre. Diz que hoje é ainda maior, devido às mídias sociais, quando antigamente não tinha essa cobrança tão direta. Segundo ele, antigamente as torcidas frequentavam os estádios e ele é da época das torcidas organizadas.

"A cobrança é praticamente igual em todos os clubes, até porque o futebol é movido pela paixão e a paixão é sempre exacerbada. Então, o nível de cobrança é intenso, sendo que alguns têm as suas particularidades, por ter uma massa maior, uma quantidade de paixão agregada maior, mas a pressão é idêntica, porque todos são torcedores e na sua grande maioria, são fanáticos, o que é bonito, a beleza do futebol são o jogador e o torcedor. A instituição é um produto da paixão, o torcedor faz parte do contexto de uma forma direta, e eu respeito isso. Nos tempos passados, tinha-se um pequeno filtro das críticas, com o avanço da tecnologia e a criação das mídias sociais, se passou a ter uma crítica mais contundente e agressiva na intensidade, e muitas vezes se tem exageros da crítica, o que é comum vir das mídias sociais. Muitas das vezes exageradas, em outras injustas, e que eventualmente ferem, as pessoas julgam de toda e qualquer maneira. Isso é muito complicado. Mas num campo pleno, a cobrança se faz necessária, há que se adaptar a ela porque é paixão, e a paixão nem sempre pensa de forma racional. A pressão que se tem é constante em qualquer clube em que se trabalhe."

Para jovens que querem trabalhar no futebol, diz que trabalha com duas vertentes que considera importantes. Afirma que tem gente que se aventura ao trabalho no futebol pela paixão. E considera bacana. E outros que, pela forma que se propagam os salários pagos no esporte, aproximam-se do futebol não só genuinamente pelo prazer, mas muito mais pelo dinheiro, o que tem um diferencial grande para a vida privada e para a vida corporativa.

Relata que um executivo de uma empresa está longe de ganhar os salários praticados no futebol. Então, há dois tipos de cliente: o genuíno, que aprecia futebol; e tem aquele que gosta do futebol não na mesma proporção, mas que busca o mais rentável para ele. Diz que respeita as duas vertentes. A única coisa que sempre alerta é sobre a grande quantidade grande de cursos que são oferecidos em todas as áreas, não só de gestão, bem como para treinador, educação física, fisiologia... Diz que hoje se tem cursos de todos os níveis, o que é bom, porque qualifica melhor e dá mais conhecimento. Mas ressalta que há um problema nisso, uma desproporcionalidade. A quantidade de gente que quer ingressar e o emprego. Tem-se pouca fonte empregadora para muitos candidatos.

Diz que no futebol, há pouca fonte empregadora e nem sempre o mérito do indivíduo é o que determina a entrada dele no mercado, mas muito mais uma escolha. Eventualmente, alguém de fora do futebol não começa por essa vertente, se tem uma dificuldade muito grande, vai-se sair de onde está, mas se não alcança, de pronto, o salário que se sonhava, até porque não se tem nenhuma experiência.

Conta que raramente, um clube de futebol contrata um profissional sem uma experiência vivida. O cliente que visa apenas ao dinheiro, que já tem uma vida formada, tem uma grande dificuldade e aquele que tem o futebol como uma ideologia, entra num processo de escolha, e aí vai depender da capacidade de seu trabalho. Acha que há uma concorrência muito desproporcional.

Para um jogador profissional, diz que sempre sugere pensar no que fazer quando for parar de jogar, e se preparar para esse foco bem antes de terminar a vida útil como atleta. Pois quando se para de jogar ainda se é jovem. Calcula que em média, um atleta para aos trinta e cinco anos de idade. Leva com ele um ensinamento de um grande ex-jogador, uma das pessoas das mais inteligentes que conheceu. Diz que o conheceu quando ele estava parando de jogar e naquela época o jogador tinha uma vida útil pequena, com trinta anos já se era considerado velho. Diz que o sistema e a forma de conviver com o futebol faziam com que se parasse.

"Ele me dizia que muita gente no futebol fala que é difícil começar e ele dizia para mim que era o inverso, que é difícil começar, mas é ainda muito mais difícil parar. Isso virou um mantra para mim. Os anos foram se passando e eu realmente fui constatando isso. Você joga porque você tem o prazer de jogar, você se torna profissional e tem uma boa rentabilidade, mas você faz aquilo de que gosta. Quando você para, há dois problemas: você é jovem e não vai mais ser jogador, mas você tem uma vida para seguir. A grande maioria dos jogadores de futebol hoje já se preparam para a vida futura; graças a Deus, já há uma gama de excelentes jogadores que pararam e já sabiam o que tinham de fazer. Mas muitos ainda não. Eu acho que o conselho que eu posso dar é que eles se preparem para parar, porque o mais difícil na vida de um atleta de futebol é parar."

Para um jovem que está começando na base, diz ofertar para o jovem a consciência de que ele é um cidadão e não só um jogador de futebol e que nem todos que estão ali, terão sucesso. Acredita que vale a pena continuar estimulando um curso universitário para o jovem. A sugestão que dá é ter outra profissão, seja ela qual for, algo para o qual se tenha vocação. Porque se tiver sucesso e continuar no futebol, ótimo. Mas uma boa parte não tem tanto sucesso, e para com 20 e poucos anos de idade e não sabe o que fazer, não tem boa receita, não ganharam o suficiente para fazer escolhas. Por isso, se tiverem uma formação profissional, podem perfeitamente sobreviver àquele processo profissionalizante que se adquiriu no clube quando ainda trabalhava como jogador amador.

Acha que isso deveria ser uma obrigatoriedade de governo: ofertar para os clubes possibilidade de os atletas de formação, ainda na base, frequentarem escolas profissionalizantes. Ou então, os próprios clubes organizarem nas suas categorias de base cursos profissionalizantes para os atletas, porque nem todos conseguem prosseguir. Muitos não conseguem continuar no futebol e aí se fica sujeito a salários baixos, que não darão nenhuma sustentação futura. E ressalta, que quando o jovem para de peregrinar já está com trinta e três anos, sem formação e pouca rentabilidade, ou seja, com poucos recursos, porque sempre viveu em função de pequenos salários e não fez nem mesmo uma poupança.

Nos últimos 20 anos do futebol acumulou várias experiências positivas com empresas e profissionais da área do futebol. Conta que tem o Marcelo Robalinho em alta conta e o respeita muito. Diz que tem passagens com o Marcelo reconfortantes para a sua alma. Tem por ele carinho e apreço, não só pela forma dele conduzir as coisas, mas por ser uma pessoa extremamente agradável no tratar, que compreende os dois lados.

Tem na memória o acolhimento de Marcelo num momento difícil da vida profissional. Estava emocionalmente instável e diz que Marcelo foi a pessoa que soube acolhê-lo. Sobre o lado profissional, conta que ele é muito digno e por isso o respeita demais, por ele tratar as pessoas com educação sempre. Diz que ele não é agressivo em nenhum momento, mesmo quando se está dentro de um clube e ele pretende alguma coisa que não alcança, nunca perde a elegância, é respeitoso, sabe entender e é compreensivo.

Tem por ele dois tipos de carinho, um pela forma como ele o acolheu em alguns momentos, já que não estava na sua plenitude e normalidade, mas estava mexido por dentro e Marcelo sempre foi muito empático. Relata que tratar qualquer coisa com o Marcelo é muito prazeroso, tem o Marcelo como uma referência dentre os empresários brasileiros.

Paulo Angioni é um exemplo único de um profissional que veio para o futebol de outra área e que soube usá-la para engrandecer o esporte, sua própria vida e a trajetória de muitos. O verdadeiro profissional que agrega!

16

O homem, independentemente do futebol, sempre tem sonhos a se concretizar e meu grande sonho ainda é um título nacional da Série A.

PAULO CARNEIRO

Paulo Carneiro é divorciado e pai de três filhos: Leonardo, Manuela e Paulinho.

"Sou filho de um estrangeiro e grande esportista e, embora eu tenha uma formação superior em engenharia, cresci ouvindo meu pai falar das crises do Vitória."

Se o fruto não cai longe do pé, também se assemelha em comportamento e modo de pensar. É muito provável que a insatisfação do pai em relação ao clube tenha influenciado o filho a se responsabilizar-se por soluções e, daí, iniciar e crescer dentro de uma carreira no futebol, que nunca mais parou.

Em sua carreira, passou pelo Vitória em quatro momentos: como Diretor entre 1988 e 1989, Vice-Presidente de 1989 a 1990, Presidente do Clube de 1991 até o ano 2000 e como Executivo de Futebol de 2000 a 2005.

Foi Líder da criação da primeira Sociedade Empresarial S/A do futebol brasileiro. O Esporte Clube Vitória ainda hoje é o único privatizável na Série A.

Ganhou, no total, mais de 140 títulos entre regionais, nacionais e internacionais. Foi responsável pela idealização e realização da melhor Academia de Futebol do Brasil. Tem como trabalhos de destaque os vice-campeonatos no Brasileiro de 1992 e de 1993. Em Campeonatos regionais, conquistou 12 estaduais em 16 disputados e três Campeonatos do Nordeste.

"Durante a gestão, o Vitória foi colocado, no cenário mundial, como uma das melhores escolas de formação do país. Foi um orgulho para mim, fazer parte desse cenário."

No Athletico Paranaense, considerada a melhor estrutura de futebol da América Latina, atuou com parcerias na captação e formação de atletas e planejamento de plantel do profissional. Foi responsável pela Direção de Futebol de 2015 a 2016, com a Conquista do estadual de 2016; Finalista da Primeira Liga e Classificação para a Libertadores de 2017 com sexto lugar na Classificação Geral do Campeonato Brasileiro de 2016.

Participou da revelação e da negociação dos atletas Otavio Bordeaux e Hernani Zenit por 17 milhões de Euros.

Começou no Vitória, querendo ajudar o clube no patrimônio, depois teve a oportunidade de ser Diretor de Futebol. Posteriormente, foi vice-presidente e, em 1991, assumiu pela primeira vez a presidência do clube.

"Digo sempre que o futebol é como uma fazenda de família: você constrói e segue cuidando a vida inteira. O grande objetivo que eu tinha era dar ao Vitória a autossuficiência financeira. Isso foi conseguido dez anos depois que assumimos, quando criamos a primeira sociedade empresarial do futebol brasileiro, o Vitória S/A. Captamos recurso estrangeiro e assumimos uma cadeira na sociedade de clubes da primeira divisão, chamada Clube dos 13. Por fim, os objetivos esportivos, através da criação de uma academia de futebol, referência na formação de atletas no futebol brasileiro."

Dos trabalhos realizados nos últimos 20 anos, como algo positivo, traz os inúmeros títulos conquistados e a hegemonia do futebol do nordeste na década de 90. Como pontos negativos, afirma que o rebaixamento em 2005 foi muito ruim para a instituição.

Sobre ser surpreendido em novos desafios e estar aberto para isso, diz que o futebol mudou muito nos últimos anos e acabou de reassumir a presidência do clube, o que já é para ele um grande desafio.

Acredita que é uma pessoa realizada, tanto no futebol quanto na vida.

"O homem, independentemente do futebol, sempre tem sonhos a se concretizar e meu grande sonho ainda é um título nacional da Série A."

Acredita que teve o privilégio de aprender com muitas pessoas com quem trabalhou em toda a sua carreira e se sente grato pelo aprendizado e pelas experiências.

Destaca alguns profissionais com quem trabalhou e pelos quais nutre admiração: José Carlos Brunoro, Rodrigo Caetano e Alexandre Mattos.

Diz que evolução tecnológica nos últimos 20 anos impactou muito o trabalho no futebol, pois isso fez com que o esporte se tornasse mais rápido e tático. Em contrapartida, está menos técnico. Paulo diz utilizar várias ferramentas tecnológicas no seu dia a dia.

"Justamente por isso, as atividades fora do campo de jogo ganharam importância, principalmente a preparação antes dos jogos, associada à uma série de programas que foram implantados para melhorar o nível de informação para treinadores e jogadores."

Destaca os pontos que mudaram o jogo dentro de campo nos último 20s anos, como a frequência, o ritmo e a intensidade.

Considera a partida mais marcante de sua carreira a disputada entre Vitória e Vasco, com placar de 5 a 4 para o clube baiano, em 1999, que credenciou o Vitória a disputar uma segunda semifinal de Campeonato Brasileiro em 6 anos.

Diz, que dependendo da função, a formação acadêmica é importante para sobreviver e se destacar no futebol

Sobre modelo de gestão no exterior e possível aplicação no futebol brasileiro é bastante otimista.

"Não tem nenhuma novidade no exterior que não tenha o nosso conhecimento."

Se vê como um profissional satisfeito com sua carreira no Brasil. Teve uma oportunidade de carreira no exterior, em 1997, que não se concretizou, no Valência da Espanha. Não se lamenta por isso, pois outros caminhos se abriram e a carreira trilhou outras experiências e desafios com aprendizado e crescimento profissional e pessoal.

Sobre os desafios fora de campo é enfático.

"Eu acho que o maior desafio para um profissional é ficar distante da política dos clubes."

Para os jovens, que sonham ingressar no mundo do futebol costuma aconselhar o seguinte.

"Diferente de mim, que acumulei experiência ao longo dos anos, o jovem atualmente tem que ter uma formação acadêmica voltada para administração, com foco e ou especialização na área esportiva. Dentro ou fora de campo, o profissional vai escolher com base na área que ele pretende trabalhar."

Já, para um jogador profissional, tem outro conselho.

"Dedicação exclusiva. Durante dez a doze anos da carreira, o atleta não pode fazer nada que atrapalhe a sua atividade. Além disso, trabalhar intensamente para aperfeiçoar suas características, transformando-as em potencialidades. O talento pode nascer com o atleta, mas o desenvolvimento depende de muito treinamento."

Diz que um jovem de família deve escolher uma instituição que tenha como foco a formação não só do atleta, mas também do homem. Conta que só assim liberaria um filho seu para ficar numa instituição durante anos, sem correr o risco de um desvio de personalidade ao absorver maus hábitos e vícios do futebol. Reforça que um jovem precisa de suporte pessoal e profissional.

Diz que, nesses últimos 20 anos, foram muitas as negociações e experiências profissionais com a Think Ball e Marcelo Robalinho.

"Minha relação sempre foi muito boa e muito profissional, tanto com a Think Ball quanto com o Marcelo Robalinho."

Um exemplo de sucesso no Brasil e reconhecido no mundo esportivo. Um exemplo de dedicação e profissionalismo. Certamente, um profissional que ainda fará muito mais sucesso!

17

Chegar ao topo e ser profissional de futebol é um caminho longo, difícil, cheio de percalços. Muito poucos o conseguem. Atingirão o sucesso apenas aqueles que estão preparados para superar os insucessos.

PAULO MENESES

Paulo Meneses tem hoje quarenta e sete anos, é casado e pai de dois filhos. Com licenciatura em Comunicação, tem um longo e importante percurso profissional.

Começou trabalhando com notícias sobre os jogos, jogadores e tudo o que é ligado ao mundo do futebol. De um jeito ou de outro, parece ter nascido para o esporte, já que acabou sempre atuando na área e construindo uma carreira brilhante, ainda que inicialmente em outra profissão.

Primeiramente, atuou como jornalista esportivo no jornal "O jogo/jornal a bola" de 1995 a 2007. Depois se tornou *chief scout* no S.C. Braga, de 2008 a 2010, Panatinaikos de 2010 a 2011, Sporting Clube de Portugal de 2011 a 2013, Real Betis de 2015 a 2016 e novamente no S.C. Braga de 2018 até os dias atuais.

Apesar de sua formação em Comunicação, desde cedo interessou-se pela carreira no futebol, primeiro na gestão do desporto universitário e, depois, como jornalista especializado em esporte.

Como jornalista esportivo por mais de uma década, focou seu trabalho, essencialmente, no mercado de transferência de jogadores. Relacionou-se com muitos agentes, treinadores e dirigentes. Conta que foram surgindo oportunidades para entrar no mundo da gestão e detecção de jogadores e acabou por aceitar, em 2008, o cargo de *chief scout* do S.C. Braga. A partir daí a sua ideia foi sempre ganhar experiências e, em simultâneo, acumular formações que o permitissem evoluir nesta área. E deu certo! Dali em diante, sua carreira nunca mais se estagnou.

Dos trabalhos que realizou nos últimos 20 anos, conta que sua experiencia mais positiva, claramente, foi a primeira no S.C. Braga, entre 2008 e 2010, pelo projeto muito ambicioso e as excelentes condições para desenvolver seu trabalho.

"A experiência negativa foi a minha primeira experiência fora de Portugal, na Grécia, trabalhando pelo Panatinaikos, um clube de uma dimensão incrível, mas, infelizmente para mim, a passar um momento conturbado, o que ocorreu no ano de 2011."

Acredita claramente que ainda pode ser surpreendido por um novo desafio.

Para ele, aliás, esse aspecto é algo sempre presente na profissão. Diz que o dia a dia é, por si só, um desafio novo. Confessa que rotina é algo difícil de se encontrar neste meio.

Revela que sempre há novidades, já que tudo está se transformando o tempo todo, os jogadores, os demais profissionais, as regras, a medicina, a tecnologia, novidades que vêm do exterior, até mesmo a relação dos clubes com as torcidas e com a imprensa. Segundo ele, sempre há novidades e desafios. Nunca há monotonia!

Considera-se uma pessoa realizada e que ainda tem sonhos a concretizar no mundo e em sua carreira do futebol.

"Uma coisa não invalida a outra. Sinto-me realizado por aquilo que já tive a oportunidade de viver no futebol, mas tenho vários sonhos que gostaria de concretizar."

Destacaria muitos profissionais e estatutários com quem trabalhou e pelos quais nutre admiração, mas, considerando a quantidade de excelentes profissionais com quem afirma ter tido o privilégio de conhecer e desenvolver sua carreira, escolhe apenas um principal como destaque.

"Cada vez mais se consegue perceber que há profissionais muito bem preparados no futebol, não só na Europa como em outros continentes. Destacar, destaco apenas aquele que foi o meu grande mentor no futebol, Carlos Freitas, à época no Vitória de Guimarães, hoje num clube rival, mas com quem aprendi muito. Um profissional de excelência e um exemplo de conhecimento e seriedade para quem quiser triunfar neste meio."

É da opinião de que a evolução tecnológica, nos últimos 20 anos, impactou o futebol profundamente e comenta sobre a tecnologia que considera a mais impactante em sua carreira e no futebol de um modo geral. Para ele, a tecnologia está presente em quase tudo o que se relaciona com futebol, desde as várias ferramentas de suporte à área de treino, até às soluções integradas de gestão dos clubes.

Em seu trabalho de *scouting*, destaca ferramentas como o Wyscout e o Instat, porque revolucionaram a forma como analisam o mercado em nível global. Faz uso sobretudo do Wyscout.

Avalia que o que mudou o jogo dentro de campo nesses últimos 20 anos, claramente, foi a intensidade em que se joga.

Para ele, os jogadores estão tendo que se superar física e mentalmente para acompanhar o nível de exigência que se tem hoje dentro dos campos.

"O jogo está cada vez mais rápido e esse é um aspecto que dificilmente poderemos ignorar quando analisamos o rendimento de uma equipe ou de um jogador."

A partida de futebol mais marcante, dentre os clubes em que trabalhou, foi a da final da taça da liga 2020 entre o S.C. Braga e o F.C. Porto por ser a mais recente. Ganharam por um a zero, com um gol no último minuto. Quanto ao jogo mais marcante enquanto torcedor, cita Portugal e França na final da Eurocopa, quando os portugueses se sagraram campeões.

"Um momento mágico aquele gol do Eder."

Acredita que a formação acadêmica é importante para sobreviver e destacar-se no futebol e mais, que a busca por atualização deve ser constante.

Acredita que um profissional deve manter-se atualizado e ativo sempre, em todos os sentidos. Estudar, trabalhar, aprender e se cuidar, tanto física quanto mentalmente, reservar momentos para o lazer, a família e tudo o que envolve a vida do profissional. É importante olhar o todo com equilíbrio e sensatez.

"Sempre que posso participo em cursos e formações na minha área. É fundamental. Relativamente aos idiomas, são muito importantes num mercado global."

Sobre carreiras no exterior, teve grandes experiências fora de seu país.

Vivenciou o privilégio de duas experiências fora de Portugal, na Grécia e na Espanha, e diz que as fronteiras no futebol têm de estar sempre abertas.

Diz que os desafios dentro de um clube são imensos, pois, além dos administrativos e políticos, há a cobrança por resultados esportivos e para se seguir na carreira com êxito, há de se fortalecer para os desafios fora de campo.

"Ser profissional em todos os momentos e sério na conduta em todos os contatos. Fundamental 'ser' em vez de 'parecer'."

Para as muitas pessoas querendo ingressar na gestão do futebol, principalmente os jovens, diz que melhor o conselho que pode dar é focar em uma base sólida na preparação e agir com muita resiliência em seu percurso.

Já para um jogador profissional de futebol, com base em sua experiência, aconselha lembrar que o talento é uma pequena parte na trajetória do sucesso e o fundamental será sempre o trabalho.

Pensa que, sendo realista, todo profissional terá mais chance de seguir com sucesso.

Para um jovem de família, que está começando na base, afirma que os percalços não podem ser ignorados, é preciso muita persistência e vontade.

"Chegar ao topo e ser profissional de futebol é um caminho longo, difícil, cheio de percalços. Muito poucos conseguem. Atingirão o sucesso apenas aqueles que estão preparados para superar os insucessos."

Conta que nesses últimos 20 anos, foram muitas as negociações e experiências profissionais com a Think Ball e Marcelo Robalinho, e relata que eles sempre mostraram uma característica fundamental: seriedade.

Um profissional objetivo e sério, não poderia esperar menos de seus colegas de trabalho.

O mundo do futebol, vem destacando diversos profissionais e diferentes entre si. Paulo Meneses é um exemplo a ser seguido, uma inspiração para quem está no Jornalismo, na Comunicação ou em outra área paralela ao futebol e que deseja usar de um dom ou talento para ingressar no mundo do esporte.

Paulo, que é comunicador, é referência nesse exercício de vida: a adequação! A transformação e desenvolvimento, do que é possível se realizar quando se gosta do que faz!

Do mundo da Comunicação para a gestão do Futebol! Um caminho inspirador para quem decide seja quando for, mudar a própria trajetória em prol do que realmente ama e lhe dá sentido à vida!

18

Acho que tenho uma missão a cumprir quanto a mudança de mentalidade no esporte brasileiro.

RINALDO JOSÉ MARTORELLI

Rinaldo é brasileiro, casado e pai de cinco filhos. Além de atleta profissional, tem uma extensa formação profissional: Administrador de Empresas, Advogado, Especialista em Direito Desportivo, Mestre em Direitos Fundamentais, com MBA em Gestão Empresarial, quartanista de Psicanálise Clínica, pós-graduando de Psicanálise, pós-graduando de Gestão Estratégica do Esporte, além de ser Presidente do Sindicato de Atletas Profissionais do Estado de São Paulo e Presidente do Sindicato Nacional dos Atletas Profissionais.

Desde cedo, teve a vida marcada pelo futebol e sentiu na pele o esporte por duas perspectivas: como atleta e como executivo, o que lhe permitiu uma maior compreensão e empatia do todo.

Devido à carreira e ao sofrimento vivenciado como atleta, também foi testemunha das dificuldades de companheiros, pelo que acredita serem as injustiças causadas pelo desequilíbrio da relação com os clubes, aceitou assumir a presidência do Sindicato de Atletas em São Paulo e a trabalhar por mudanças que propiciassem um cenário diferente, visando a mais respeito na relação e responsabilidade na gestão dos clubes.

Não se trata de um profissional individualista, mas com olhar coletivo, alguém que desde cedo começou a olhar o "todo" e a "todos", com uma visão geral e visionária sobre como melhorar em todos os aspectos as relações dos jogadores, dos clubes e dos profissionais que dedicam a vida a esse esporte.

"Comecei minha carreira como jogador aos onze anos de idade, passando por todas as camadas de formação da S.E. Palmeiras, até chegar ao profissionalismo. Além do Palmeiras, joguei no Náutico de Recife, Goiás, São Caetano, Paysandu, Pelotas, Taubaté, dentre outros. Depois de dois anos como presidente do Sindicato de Atletas, (assumi em 1993 quando ainda jogava pelo Taubaté) soube que havia uma ordem da FPF para que nenhum clube me contratasse, sob pena de rebaixamento. Com isso, decidi me retirar dos campos."

Esse ponto em sua carreira não apenas o tirou dos campos, como o tornou mais forte, ampliou sua visão de mundo e o motivou a uma preparação para o futuro, ainda que em outra direção.

Teve a clara compreensão de que precisava se preparar para presidir o sindicato. Fez sua formação jurídica, mesmo já sendo administrador.

"Desde então, o meu trabalho foi dirigido para mudar o quadro que tem levado o futebol brasileiro para a extinção com foco, principalmente, na responsabilidade na gestão dos clubes."

Acabou encontrando na gestão, a posição ideal para sua meta, onde poderia atuar desenvolvendo e melhorando tudo o que entendia como falhas.

Apesar de ter tido sucesso como jogador, já que foi profissional marcado por muitos êxitos, como convocações para Seleção Brasileira - para qual acabou, por pedido do Palmeiras, solicitando dispensa - suscitou o interesse da Juventus de Turim e foi eleito como melhor goleiro do campeonato paulista de 1986 pelo jornal *A Gazeta Esportiva*, a gestão acabou sendo o principal foco de sua carreira.

"Como dirigente sindical, fui criador de muitos trabalhos bem-sucedidos - como propor o primeiro projeto, feito pelo Deputado Arlindo Chinaglia, de extinção do passe; o trabalho que efetivou o recebimento do direito de arena pelos jogadores; a efetivação do período de férias para a categoria; a obrigatoriedade das paradas para hidratação nos jogos com altas temperaturas; consegui, numa negociação exaustiva, convencer a FPF a colocar no regulamento da competição penalização por atraso de salários, que depois levamos também para os campeonatos da CBF etc."

Com sua visão geral sobre o todo e a vivência na prática de ambos os lados do campo, tem muito para contar e compartilhar de suas experiências, mas também reconhece o lado negativo, como não ter conseguido uma mudança completa no cenário que tem levado o esporte, principalmente o futebol, a tanto desperdício de talentos e de recursos financeiros.

Seu sonho de melhorar as características desse meio não é algo simples e nem pequeno, mas grandioso.

Com um sonho tão grande e ambicioso, ainda que não para si, sente-se aberto a novos desafios. Sente que devido as relações humanas, sempre surgirão novas necessidades, ainda mais se considerando a velocidade que as mudanças têm acontecido atualmente.

Considera-se realizado na vida e na carreira, porém, percebe-se como um ser inquieto.

Seu objetivo é ajudar a transformar o mundo do futebol! De um ambiente de descumprimento para um cenário de confiabilidade; de um ambiente de desperdício para um mundo de ganhos bilaterais; de um segmento de irresponsabilidades para uma segurança tônica nas relações.

Acredita que, enquanto não houver uma mudança de mentalidade em que se que obtenha resultados desportivos, há necessidade de altos gastos. Acha que para uma equipe ser altamente competitiva não há necessidade de loucuras gerenciais, sendo difícil mencionar um profissional que tenha destaque nacional, que não acabe se deixando levar por premissa.

Nutre admiração e destaca um colega de um dos clubes em quem trabalhou.

"Num cenário mais caseiro, admiro muito o Eduardo Ferreira, zagueiro da Portuguesa nos anos 1990 e que foi diretor do Sindicato, hoje gerente do Água Santa, que monta times competitivos dentro de pequenos orçamentos."

É um profissional de visão e exigente, detalhista e talvez até perfeccionista, já que seu trabalho parece sempre abranger o todo.

Acredita que a tecnologia de uma forma ou outra trouxe mais velocidade e força para o futebol, o que, em parte, tirou a ênfase da técnica. E diz que, a admissão do árbitro de vídeo, ao invés de ajudar, parece que tem servido para mais controle e manipulação de resultados aqui no Brasil, porém, espera que possa ser usado para aquilo que se destinou de verdade.

Sobre o uso dessas novas tecnologias, conta que o sindicato já colocou à disposição dos associados o programa do Wyscout *(Professional Football Platform for Football Analysis)*.

Além dos avanços tecnológicos, pensa que a grande transformação dentro de campo ocorreu um pouco antes dos últimos 20 anos, mais precisamente entre 1970 e 1974, quando a Holanda implantou um novo estilo de jogo com maior rapidez e participação geral do time em todos os lances do jogo. Depois disso, os países em que há maior vínculo de pesquisa e análises desenvolveram vários programas, principalmente na formação dos jogadores, o que enriqueceu aquela mudança dos anos 1970.

Dentre tantos momentos inesquecíveis que viveu, conta dois, dos que mais marcaram a sua vida profissional.

"A partida mais marcante para mim, foi sem dúvida, minha estreia inesperada na equipe profissional da S.E. Palmeiras, aos dezenove anos de idade, contra o São José EC no Parque Antárctica no dia 06 de outubro de 1982. O jogo mais marcante como espectador foi a derrota de 7 x 1 do Brasil para a Alemanha na Copa do Mundo de 2014, pela rapidez no esfacelamento emocional do time brasileiro e por mostrar quanto despreparados nesse quesito. O fator emocional, aliás, me intriga desde quando ainda era jogador, o que me levou a me inscrever e cursar psicanálise."

É um profissional único, com visão de jogador, gestor e psicanalista.

Com tanto estudo, considera a formação acadêmica fundamental para a abertura de visão de mundo. Tanto, que diz compreender a dificuldade do atleta profissional em termos de tempo e deslocamento, por isso elabora um curso livre,

"Educatleta – Orgulho de Ser Atleta." para fazer com que esse profissional vá se familiarizando com o conhecimento e expandindo sua visão.

É adepto do atualizar-se sempre, em todos os sentidos.

"É fundamental aprender sempre! Agora curso Psicanálise Clínica, Pós-Graduação em Psicanálise e Pós-Graduação em Gestão Estratégica do Esporte, as duas em regime EAD. Cursei espanhol, inglês e italiano, esses dois últimos sem conclusão. Mantenho meu corpo funcional treinando pelo menos quatro vezes por semana, seja na academia, seja com treinos individuais."

Adepto do estar bem e de cuidar do corpo e da mente, também tem opiniões sobre o esporte e modelos de gestão no exterior.

Confessa que todos os modelos que levam em consideração o equilíbrio financeiro com a valorização do ser humano o atraem.

"Estudando alguns modelos de gestão pude perceber que esses também são cíclicos e dependentes das pessoas que o estão exercendo no momento."

Nunca pensou em seguir carreira no exterior. É fiel ao desejo de mudar a gestão no Brasil e tem essa meta muito definida, bem mais do que uma simples vontade.

"Acho que tenho uma missão a cumprir quanto à mudança de mentalidade no esporte brasileiro."

Considera o maior desafio fora de campo, enfrentar o fato de que os resultados não acontecem se não houver o respeito ao ser humano. Diz que mesmo com todo o foco na melhor gestão, por se tratar sempre de competições, jamais se obtém o resultado que marca o lugar mais alto do pódio.

Experiente, é solicitado por aspirantes ao esporte para conselhos, baseados em sua longa e bem-sucedida carreira, o que faz com atenção e respeito.

Para os jovens, querendo ingressar na gestão do futebol acha importante entender o mundo em que se pretende ingressar, ter conhecimento gerencial e humano, além de desenvolver capacidade de convencimento. Diz que somente assim se chegará ao melhor resultado.

Já para um jogador profissional de futebol ele afirma.

"Busque conhecimento para a sua total autonomia. Somente com autonomia, vai poder tomar as melhores decisões para a vida, entendendo e ponderando todas as opiniões que receberá, seja de seus familiares, seus representantes, diretores de clubes, imprensa etc."

Acredita que um jovem de família, que está começando na base, tem que entender que esse é o vestibular mais concorrido e difícil de aprovação. Compreender que tudo o que envolve essa profissão e saber que nem sempre a qualidade e competência são decisivas na busca do sucesso.

Nessa carreira longa e cheia de histórias, dentro e fora do campo, cita ainda relação com a Think Ball, que considera muito positiva.

"Minha relação com a Think Ball, através do Marcelo Robalinho, sempre foi de muita cordialidade e permeada de sinceridade. O meu tempo nesse setor, principalmente na defesa dos atletas profissionais, faz com que eu tenha enorme respeito pelo trabalho da Think Ball e do Marcelo Robalinho, pela lisura com que trata cada profissional que está sob sua responsabilidade."

Rinaldo é um profissional apto a falar e opinar sobre qualquer área do futebol, pois tem *know-how* de todas as perspectivas possíveis do esporte.

É admirável ver a sua meta como "em aberto", pois ainda que ela seja grande demais para uma pessoa só, ele insiste em carregá-la, seja pelo tempo que for.

19

Eu fui incentivado a deixar os gramados e trabalhar na Gestão de Futebol pelo técnico Paulo Cezar Carpegiani e seu sócio, Valdir Silveira, no então clube formador RS Futebol da cidade de Alvorada, no Rio Grande do Sul, ainda no ano de 2003. Foi devido a essa experiência que comecei minha graduação.

RODRIGO CAETANO

Rodrigo Caetano, nascido em Santo Antônio da Patrulha em 18 de fevereiro de 1970, é dirigente esportivo e ex-atleta de futebol, que jogou durante quatorze anos. Hoje é Diretor Executivo do Sport Club Internacional.
Cursou Administração de Empresas na PUC-RS e Pós-Graduação em Gestão Empresarial na FGV, estando entre os pioneiros no cargo de Executivo de Futebol no Brasil. Ele é uma das referências no mercado brasileiro por vários trabalhos desenvolvidos e bem-sucedidos em clubes da elite do futebol nacional, assim como os entrevistados deste livro.
Como atleta, teve uma grave lesão no joelho, quando estava em seu melhor momento na carreira e seria negociado com o futebol espanhol. Foi considerado um jogador técnico e habilidoso.
Desde a Infância, teve o futebol como pilar em sua vida. Aos dez anos de idade, entrou na escolinha de futebol, dando início a sua carreira como jogador. Com o tempo, após a carreira como atleta e a lesão no joelho, teve a ideia de se especializar na área de Gestão do Futebol.
Diferente de atletas que se aposentam como jogadores e não se especializam em outras funções, o hoje, Diretor Executivo foi em frente, se antes da bola, depois do conhecimento, estudo e especializações.

"Para alguns profissionais um único sonho realizado é o suficiente, como se tornar um jogador conhecido e ali se estabelecer. Eu tive a intenção de ir além."

Ainda hoje, participa constantemente de cursos de gestão no esporte, seja como palestrante ou como aluno. E mesmo depois de ter se retirado dos gramados, pratica esportes por *hobby* e pela saúde, principalmente pela enorme exigência emocional da função que exerce.
Pensa que não é tarefa fácil estar à frente de um clube da primeira divisão, pois tem que estar bem para isso!
O Diretor do Inter foi atleta profissional durante mais de uma década e sempre percebeu, nos clubes por onde passou, a necessidade de mais profissionais na estrutura do Departamento de Futebol. Em 1997, devido a uma lesão em função de seu peso, refletiu sobre o que fazer na pós-carreira de atleta e, levando em con-

sideração a chegada da Lei Pelé, que tornou a profissionalização uma exigência para os clubes de futebol, seguiu em frente nesta decisão.

"Eu fui incentivado a deixar os gramados e trabalhar na Gestão de Futebol pelo técnico Paulo Cezar Carpegiani e seu sócio Valdir Silveira, no então clube formador RS Futebol Clube, da cidade de Alvorada no Rio Grande do Sul, ainda no ano de 2003. Foi devido a essa experiência que comecei minha graduação."

Após um título gaúcho inédito de Juvenil e também um 5º lugar no Brasileiro Série C de profissionais, recebeu o convite para retornar ao Grêmio em 2005, para atuar como Coordenador das Categorias de Base e já, no mesmo ano, acabou sendo promovido para Executivo de Futebol.

Em seguida, no ano de 2009, recebeu um convite do Vasco da Gama para participar de um projeto, que visava resgatar o Clube. O mesmo havia descido para a Série B no ano anterior, na qual o clube permaneceu até o ano de 2011. Em 2012 e 2013 trabalhou no Fluminense, e no ano de 2014 retornou ao Vasco da Gama para outro retorno a Série A.

De 2015 a 2018 atuou no Flamengo. Ainda em 2018, após deixar o Flamengo, foi contratado pelo Internacional.

Rodrigo foi um grande colaborador do legado brasileiro administrativo e esportivo.

"Eu tenho um carinho especial por todos os clubes por onde passei e trabalhei, ao longo de meus quase 20 anos na história dos clubes. A trajetória em cada clube, função, campeonatos e colegas, foram todos parte da minha formação como o gestor que sou hoje. Fiz histórias e amigos nessa carreira."

Em termos de resultados positivos, dentro e fora do campo, destaca o trabalho no Vasco da Gama entre os anos de 2009 e 2011, quando o clube saiu de uma Série B para um título inédito da Copa do Brasil e um Vice-campeonato Brasileiro no mesmo ano, mesmo com dificuldades financeiras.

Como algo negativo, lembra o caso do Fluminense, em 2012, quando se consagrou campeão brasileiro e estadual, mas, no ano seguinte lutaram contra o rebaixamento com praticamente a mesma base de time. Além disso, viu perdida uma boa oportunidade de melhorar a infraestrutura física do Futebol do Clube naquele momento, devido ao ótimo patrocinador da época.

"O próximo desafio sempre será maior e espero ainda conseguir aplicar os conceitos e princípios que acredito nos clubes que ainda irei trabalhar no futuro."

O que motiva Rodrigo Caetano são justamente os seus sonhos, desde menino, lá atrás, quando ainda tinha seus dez anos. Teve o privilégio de viver, na prática, o sonho de muitos, que foi trabalhar em clubes gigantes do futebol brasileiro. Poucos alcançam uma boa trajetória como atleta e depois como gestor da mesma área e ainda com tanto sucesso.

Ainda sonha participar de uma conquista da Copa Libertadores, algo que já esteve bem perto. Além disso, gostaria de viver uma experiência profissional fora do país, para justamente comparar filosofias e conceitos.

Conhecedor da língua inglesa e do espanhol com fluência, está sempre se aprimorando nesses idiomas, além de ser *open mind* o bastante para desejar novos desafios. Já com tantas experiências de vida e profissional, não teme os percalços de conhecer um novo país, como se adaptar a uma nova língua, um novo clima, novas regras e tudo o que uma cultura pode vir a diferir da nossa no Brasil.

Sempre pensa em desenvolvimento, independentemente da carreira que se escolhe na vida, é preciso aprimorar-se, não existe acomodação.

Se desde moleque era atleta e se viu, na vida adulta, estudando e partindo para a gestão, o mesmo ocorre com seu autoconhecimento e relações internas.

"Vivemos uma era de inteligência emocional, desenvolvimento pessoal, coaching e tudo mais. Não há desculpas para parar no tempo e interromper o próprio crescimento."

E isso não fica apenas no discurso, pois está sempre se permitindo mais e mais. Sonhos que nunca param de chegar e crescer.

Algo muito interessante sobre esse gestor do futebol no Brasil é sua atuação no mundo corporativo. Diferente de altos executivos, que chegam modificando regras e pessoas na empresa, ele tem a consciência e humildade de que deve se ambientar primeiro, para depois, bem depois, iniciar as mudanças necessárias. Uma boa estratégia, para ele, parte do princípio de que o conhecimento do lugar onde está e respeito por tudo o que veio antes é primordial para um trabalho bem-sucedido. Em outras palavras, o bom gestor sabe que deve conhecer primeiro o terreno onde pisa. Tem como filosofia não chegar modificando o quadro de funcionários do Departamento de Futebol, justamente para ter tempo de um diagnóstico e até identificar perfis que possam seguir também como sucessores na função.

"Eu tive o privilégio de colaborar para que alguns profissionais seguissem nessa função, depois de minhas saídas. Dentre muitos bons profissionais que tive a honra de trabalhar em parceria, cito o Cícero Souza, hoje Gerente de Futebol da S.E. Palmeiras, que chegou ainda nas categorias de base do Grêmio em 2006 e, posteriormente, foi promovido ao departamento profissional, seguindo carreira ainda hoje por vários grandes clubes do futebol brasileiro."

Também é adepto da evolução tecnológica no futebol, bem como em todos os âmbitos da vida e soube levar para a sua profissão o melhor do que há de mais avançado para o esporte.

Em sua visão, sem dúvida nenhuma, as plataformas de *scouting* hoje existentes modificaram substancialmente o futebol.

Considera inadmissível um profissional da área não ter as informações instantâneas para a melhor tomada de decisão, seja ela administrativa ou de *performance*.

No Clube atual, o Internacional, são várias plataformas utilizadas e as que mais utilizam são Wyscout, Instat, Scout Seven e Driblad.

Profissional com mais de 20 anos de carreira, Rodrigo pode falar com domínio sobre esses últimos 20 anos da história do futebol, bem como de sua gestão, figuras notórias, profissionais e *cases* de sucesso e derrota.

Acredita que mais do que qualquer formação tática, foram a exigência da compactação das equipes e as valências físicas utilizadas que se transformaram nas últimas décadas. Considera que as equipes estão jogando de forma cada vez mais agrupada e, para isso, as exigências físicas estão cada vez mais elevadas.

"Eu considero a final da Copa do Brasil de 2011, pelo Vasco da Gama, a partida mais marcante de minha carreira pela importância da conquista. E o jogo mais inesquecível, a final da Copa do Mundo de 1994, pois foi a primeira vez que vi o Brasil ser campeão do mundo, já que nasci em 1970, ano da última conquista."

Ainda gostaria de ver e participar de um modelo de gestão totalmente profissionalizado no Brasil. Espera ter tempo de trabalhar em algum modelo de clube empresa em nosso país, como os clubes da *Premiere League*.

Sonha, um dia, ainda que achando quase impossível, experimentar uma carreira no exterior, sabendo que são raros os mercados que podem absorver executivos brasileiros pela especificidade de cada uma das diferentes ligas. Mas afirma que, certamente, a *Premiere League* seria o seu maior sonho. De qualquer forma, acredita que uma experiência no exterior é um desejo que ainda possui, até para poder ter a oportunidade de comparar o nosso modelo de clubes associativos com outros modelos diferentes.

Rodrigo Caetano é alguém que está sempre aprendendo, crescendo e por isso nunca para de sonhar. Toda a sua história nos mostra que ele se ancora em seus sonhos, é isso que o move desde criança e por isso seus desejos nunca estacionam após uma vitória. Mas ele também sabe, na prática, que todo sonho traz desafios, percalços e até mesmo alguns sofrimentos. O tal preço a se pagar faz parte de toda trajetória de vida e profissional. Com ele não seria diferente.

"O maior desafio foi fazer a gestão das pessoas em um ambiente onde a vaidade é exacerbada, além de unir diversos profissionais com as mais distintas formações e remunerações. Para mim, essa capacidade é um diferencial que pode determinar o sucesso de um profissional na área."

Aqui entra a inteligência emocional, *soft skills* e a habilidade humana para interagir com o outro e o outro e o outro. Não há como ter uma carreira bem-sucedida olhando apenas números e resultados, mas amparando e acolhendo pessoas. No fim, somos todos seres humanos buscando as mesmas coisas: felicidade e satisfação em nossos sonhos!

De bom instinto paterno, aconselha os jovens sonhadores que sigam seus desejos e ambições através da qualificação profissional. Ele menciona, que hoje são muitos os cursos que possuem conteúdo especializado para gestores no esporte. A relação humana também deve ser aprimorada, pois é um diferencial nessa profissão.

"Para um jovem de família que está começando na base, sugiro que persiga esse sonho, independentemente das dificuldades que virão. E também que tenham paciência, e não pressa, para atingir seus objetivos. Muitos se perdem no meio do caminho por priorizar a solução dos problemas financeiros da família, em detrimento do prazer de se tornar atleta de futebol profissional."

Já para um jogador profissional de futebol, o Diretor do Inter aconselha que busque a conscientização sobre essa área, já que é uma profissão diferente de todas as demais, pela exigência, visibilidade, remuneração e, principalmente, pela vida útil. É uma carreira em que o jogador se torna profissional muito jovem e também se aposenta muito cedo. Para isso, é preciso ter o entendimento das privações necessárias para atingir o sucesso na profissão. E, se tiverem intenção de seguir no futebol após a carreira, também precisam se preparar ainda enquanto atletas, construindo esse caminho por meio do bom relacionamento e dos bons exemplos fora de campo.

"Sobre os últimos 20 anos, devo falar das negociações e experiências profissionais com a Think Ball e o Marcelo Robalinho. Foram muitas e todas de uma condução altamente profissional da empresa e de seu fundador. Não por acaso, eles se consolidaram como referência no mercado. Destacando a forma como todas as negociações são conduzidas com alto sigilo, fundamental para o sucesso nas negociações."

Como exemplo, destaca a ética e confiança na negociação do lateral Iago com o *Augsburg-ALE*. Elogia que Marcelo Robalinho fez toda a operação diretamente da Alemanha e, após dias de negociação com o clube alemão, conseguiu concluir a venda alinhado com o Internacional e atendendo os interesses de todas as partes. A forma como foi realizada a operação só aumentou a credibilidade da *Think Ball* e do Robalinho com o Internacional e com o mercado em geral.

Rodrigo Caetano teve e ainda tem toda a sua vida pautada no Futebol. É um exemplo de como o esporte pode se tornar a vida de alguém, desde a infância, como um *Hobby* ou esporte, até o início da juventude, criando sonhos e motivando carreiras. O futebol é um esporte que tira os jovens de caminhos ruins como o das drogas ou da marginalidade. Promove oportunidades, saúde, entretenimento, profissão e interação com pessoas, times, cidades e países.

O futebol pode vir a ser um caminho de vida!

Uma grande e bem-sucedida escolha!

20

Sou uma pessoa realizada, mas sonhos temos muitos. Quero ser pentacampeão nova-mente em Portugal e chegar outra vez a uma final europeia!

URGEL MARTINS

Urgel Martins tem 46 anos, é casado e pai de duas filhas. Licenciado em Economia em 1997, possui experiência de trabalho nas áreas de Consultoria a empresas e banca comercial, sendo, atualmente, Diretor executivo de futebol no F.C. Porto.

Ingressou no F.C. Porto em 2000 para integração na área de Planeamento e controle de gestão, integrando o departamento de futebol em 2006 para a definição e implementação do projeto de reestruturação do futebol do clube denominado "Visão 611". Foi nomeado gestor executivo do futebol em 2012.

Quando menino, recebeu influência familiar para tudo o que veio depois em sua vida: da paixão pelo esporte à carreira profissional.

"Desde criança senti uma paixão enorme pelo desporto e, sobretudo, pelo futebol. O meu bisavô tinha sido Presidente do FC Porto e a sua obra e o seu legado sempre foram tema de conversas na família, o que naturalmente alimentou esta paixão pelo futebol e pelo clube. Com a formação na área da economia, minha carreira caminhou com naturalidade para o lugar que ocupo hoje."

Após a licenciatura, dividida entre Porto e Sevilha - segundo ele, duas cidades vibrantes e apaixonadas pelo futebol - iniciou a carreira na área da consultoria a empresas. Após essa experiência, ingressou no Barclays Bank, na área de clientes particulares, e, no ano 2000, aceitou o desafio lançado pela Administração do F.C. Porto para criar o Departamento de controle de gestão no clube.

Nos últimos 20 anos, foi marcado de forma positiva pelo crescimento sustentado da estrutura de formação do F.C. Porto, um dos pilares do clube atualmente e uma das maiores fontes de criação de valor nos clubes portugueses, coroada com a conquista da UEFA Youth Champions League em 2019.

Sobre novos desafios, acredita que ainda pode ser surpreendido e sente-se muito aberto para isso.

"No clube, há desafios fantásticos que nos aparecem e que nos motivam para continuar a fazer o clube evoluir."

Apesar de sentir-se uma pessoa realizada no futebol e na carreira, conta que ainda tem um grande sonho a cumprir.

"Sou uma pessoa realizada, mas sonhos temos muitos. Quero ser pentacampeão novamente em Portugal e chegar outra vez a uma final europeia!"

Dos últimos 20 anos, destaca o Presidente do F.C. Porto como grande profissional e o considera sua grande referência. Segundo ele, é quem garante a estabilidade do clube há décadas e, todos os dias, demonstra lucidez, inteligência e pragmatismo.

Sobre profissionais ou estatutários, afirma que tem respeito por todos.

Para ele, a evolução tecnológica nos últimos 20 anos impactou em muito o trabalho no futebol, e a tecnologia que gerou mais impacto foi o VAR.

"Usamos diariamente um conjunto de ferramentas tecnológicas relacionadas a performance em treino dos atletas, prospecção de jogadores, softwares internos com dados da organização, mecanismos de controle orçamental etc."

A visão esportiva dos últimos 20 anos mudou o jogo dentro de campo de diversas maneiras e, na sua opinião, o jogo está muito mais rápido e os jogadores estão mais bem preparados do ponto de vista físico. Fala que percebeu uma evolução no nível tático, o conhecimento dos treinadores sobre o jogo aumentou, muito por conta dos profissionais e das ferramentas que o assessoram e o ajudam a tomar decisões sobre o treino e o jogo.

Para ele, a partida mais marcante na qual esteve envolvido foi a vitória do Porto na final da UEFA Champions League em 26 de maio de 2004, num jogo disputado na Alemanha contra o Mônaco.

"Vencemos de 3-0 e conquistamos a mais importante competição europeia de clubes. Para um clube português é uma proeza inesquecível!"

Lembra que a formação acadêmica é importante para sobreviver e destacar-se no futebol.

Considera o estudo e a formação como recursos, ferramentas que ajudam no início de carreira. Também acha fundamental estar sempre atualizado para reciclar conhecimentos e, sobretudo, usá-los tendo em conta a experiência adquirida. Busca sempre participar de cursos de atualização profissional para adquirir novas habilidades.

Pessoalmente, procura se cuidar de um modo geral e não deixa de fazer atividade física.

"Pratico futsal e basquetebol de forma pontual. Uso várias línguas, sobretudo inglês e castelhano no dia a dia. Já realizei um MBA em meio a meu percurso profissional, o que me ajudou a atualizar conhecimentos."

Sobre seguir carreira no exterior, confessa que, para ele, o país mais apaixonante é a Inglaterra. Sente-se aberto e inspirado com a ideia.

"A Premier League é uma competição fantástica, o espírito com que se joga o jogo é ímpar e a qualidade dos futebolistas hoje é de topo mundial."

Fala sobre os inúmeros desafios dentro de um clube, que, além dos administrativos e políticos, sempre fica a cobrança por resultados esportivos. Para ele, a dificuldade maior é preservar a vida pessoal, a família, apesar de todo e qualquer desafio na vida profissional.

"A estabilidade da vida familiar. A família é o meu pilar básico e estrutural e tudo começa e acaba na família."

Para as muitas pessoas querendo ingressar na gestão do futebol, principalmente jovens, aconselha que comecem cedo, envolvam-se desde cedo nas dinâmicas de um clube de forma a adquirir experiências de campo enquanto estudam. Incentiva que sonhem e lutem por esses sonhos.

Já para um jogador profissional de futebol, o conselho é outro:

"Foco. Procurem um bom ambiente à sua volta para manterem o foco no seu rendimento físico, mental e técnico."

Para um jovem de família que está começando na base, aconselha a nunca desvalorizar o estudo e a escola. Afirma que é sempre possível conciliar, ao longo dos anos, a escola e o futebol.

Nesses últimos 20 anos, foram muitas as negociações e experiências profissionais com a Think Ball e Marcelo Robalinho e, em todos esses momentos, destaca virtudes que sempre estiveram presentes:

"O que eu retenho do Dr. Marcelo Robalinho é a sua inteligência e a consistência que demonstra no que faz e no que é como profissional. Essa consistência faz com que consigamos confiar. E a confiança é quase tudo."

Urgel Martins é um exemplo do futebol como profissional de sucesso e de homem de família. Alguém que seguiu os passos do avô, levando a bagagem familiar para todos os âmbitos de sua vida, bem como o sucesso e profissionalismo na carreira.

Um homem do esporte e da família!

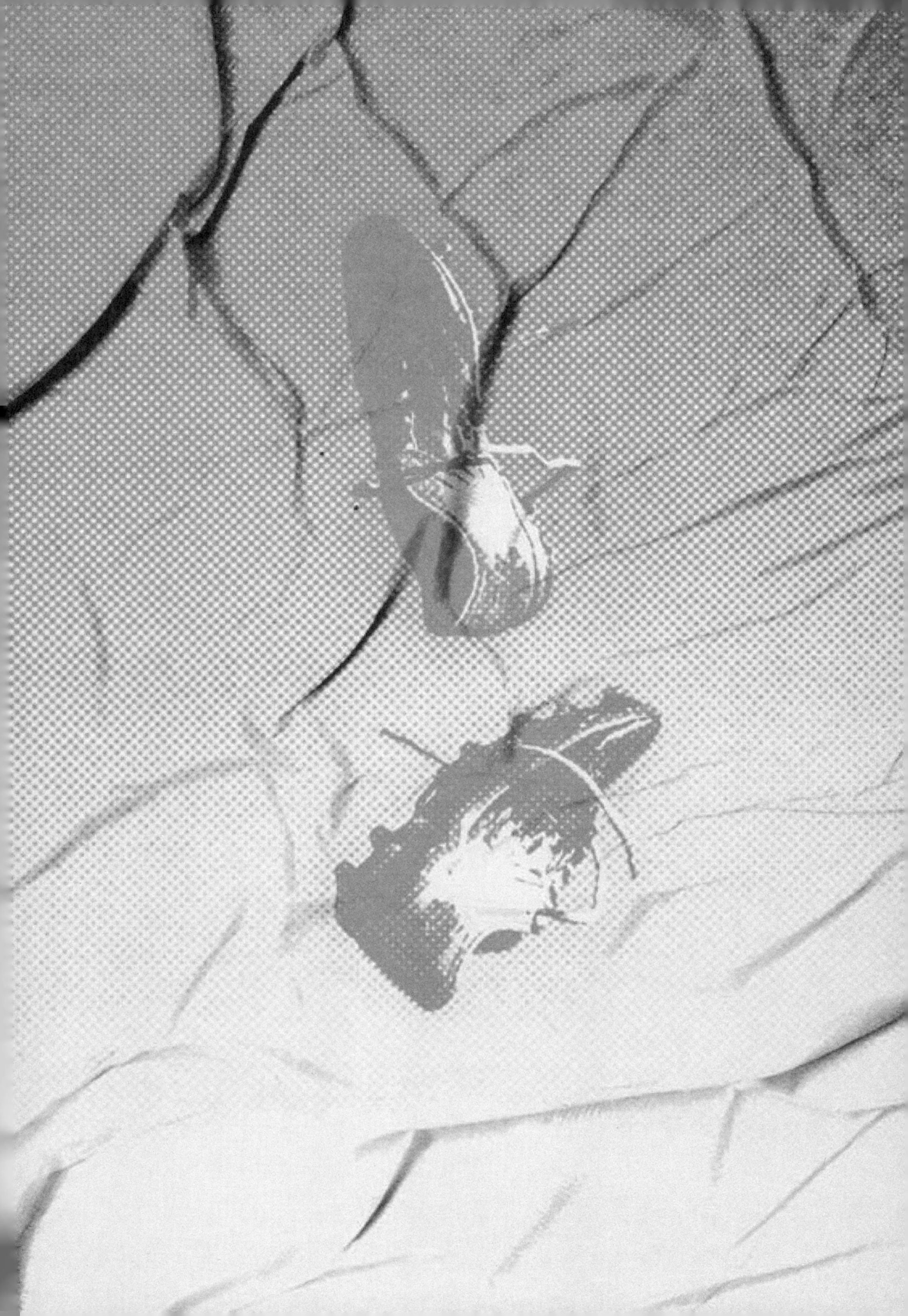

INSTITUTO TALENTOS EM JOGO

FÁBIO CUNHA

Segundo dados do IBGE (2018), a população brasileira já ultrapassa o número de 208 milhões de pessoas. No estado de São Paulo são mais de 45 milhões e, na região metropolitana da capital paulista, mais de 21 milhões de habitantes.

Ainda segundo os números do IBGE, ¼ da população brasileira, ou seja, mais de 52 milhões de pessoas, está abaixo da linha da pobreza, vivendo com menos de 420 reais por mês e cerca de 13,5 milhões de pessoas estão na extrema pobreza, vivendo com menos de 145 reais mensais. O estado de São Paulo apresenta cerca de 13% da sua população vivendo abaixo da linha da pobreza.

Com relação às faixas etárias, 40% da população brasileira tem de 0 a 19 anos, sendo que 23% estão na faixa de 0 a 14 anos.

Levando em consideração todos esses números, pode-se constatar que uma enorme quantidade de crianças e jovens está em situação de extremo risco, sem oportunidades e perspectivas de saírem dessa condição socioeconômica vulnerável.

Um dos principais meios que se pode utilizar como educação, socialização, inclusão e formação do cidadão é o esporte. O esporte além de preparar o corpo, educa a mente e abre portas para novos horizontes. Falando em usar o esporte como meio transformador da sociedade, nada melhor do que utilizar o **futebol**, o principal esporte no mundo hoje.

A FIFA (Fédération Internationale de Football Association) tem mais países filiados do que a própria ONU (Organização das Nações Unidas). A Copa do Mundo, por exemplo, é uma competição esportiva na qual mais de 200 países estão envolvidos e o mundo inteiro espera ansiosamente por sua realização a cada quatro anos. Se formos observar o futebol como uma atividade de lazer, o número de praticantes no mundo é incontável.

No Brasil, o futebol é simplesmente o nosso principal produto. Em todos os cantos do país, existem crianças, jovens, adultos e idosos praticando por lazer ou profissão. O brasileiro é apaixonado por esse esporte, tanto acompanhando por televisão, rádio, jornal, em revistas, na internet ou praticando em ruas, praças, quadras e campos. Enfim, o futebol está inserido na vida diária da nossa população.

As crianças e jovens carentes em situação socioeconômica vulnerável podem se utilizar do futebol como uma ferramenta de inserção na sociedade. A prática em um ambiente saudável, organizado e com instruções qualificadas poderá ser o meio que esses jovens terão para buscar uma oportunidade em um clube federado e, assim, criar uma expectativa para sua vida e de suas famílias.

Um aspecto delicado e, ao mesmo tempo, perigoso é a existência de falsos "olheiros" e "empresários". É muito comum vermos pessoas que prometem oportunidades em clubes, mas que, na verdade, se aproveitam da inocência, despreparo e desespero das crianças e suas famílias para obter um ganho financeiro. A orientação e o preparo farão com que as famílias não sejam enganadas por esse tipo de pessoa.

O Instituto Talentos em Jogo surgiu da ideia de que o futebol pode ser fator crucial para mudar o panorama de vida de muitos jovens que necessitam de amparo e um novo horizonte, tendo como objetivo promover a inclusão de crianças e adolescentes em situação de risco e/ou vulnerabilidade social. O grande intuito, além de incentivar o lazer saudável e a prática esportiva, é buscar um mundo novo para crianças e jovens carentes, um mundo de esperança, de crescimento e de oportunidades por meio do esporte.

Fundado em 02 de janeiro de 2019 e sediado no município de São Paulo, o Instituto Talentos em Jogo tem como objetivos auxiliar projetos sociais na capacitação, orientação e qualificação dos professores, monitores e instrutores; auxiliar na aquisição de materiais esportivos e oportunizar, aos jovens, avaliações em clubes profissionais de futebol.

Os objetivos serão atingidos fornecendo suporte técnico e estrutural para as parcerias e projetos comunitários.

Dentro de seu estatuto, a associação Instituto Talentos em Jogo tem por finalidade desenvolver e estimular o esporte, principalmente o futebol, entre crianças e adolescentes, promovendo a mais ampla inclusão social desses jovens por meio da prática esportiva, bem como administrar programas de treinamentos e equipes esportivas, dando ênfase ao trabalho com menores carentes em situação de risco. No desenvolvimento de suas atividades, o Instituto Talentos em Jogo não fará qualquer discriminação de raça, cor, sexo ou religião.

O Instituto tem como Missão, Visão e Valores

Missão
Promover a formação de cidadãos por meio do esporte organizado, com ética, educação, profissionalismo e valores sociais.

Visão

Ser reconhecido como um projeto referência na educação, socialização e formação de jovens usando o futebol como meio.

Valores
Educação
Espírito Esportivo
Ética
Honestidade
Inovação
Valores Sociais

Este livro foi composto em Bilo, Adobe Garamond Pro e Sporty Pro sobre Pólen Bold 90g pela Literare Books International Ltda.